日常会話ですぐ使える！

韓国語フレーズ集

石田美智代・著

永岡書店

はじめに

本書は、韓国語初心者の方たちが、旅行やK-POP、ドラマなどをより楽しむための一冊です。最初に「これだけ知っていればどうにかなる」というサバイバルフレーズを紹介しています。単語を入れ替えて応用がきくようにしていますので、ぜひ活用してください。3章からの旅行で活躍しそうなフレーズでは、キーワードになる部分を色文字で表示していますので、フレーズ全部は覚えられなくても、場面ごとによく使う単語は自然に覚えられるようになっています。K-POPやドラマをテーマに韓国語で盛り上がりたい場合には、10章からご覧ください。よく耳にする歌詞やドラマのセリフを紹介していますので、「あの言葉はこんな文字だったのか」と確認できるものがあるかもしれません。また、本書では、親しい間柄で使う반말（パンマル）と呼ばれる「ため口」表現を取り入れました。韓国では儒教的な習慣から、年齢や立場の上下で言葉遣いが決まるほど、丁寧語とパンマルの区別は厳しいのですが、逆にパンマルが使われると親しい間柄だという証明にもなります。そうしたニュアンスを感じていただければと入れてみました。無理して使う必要はありませんが、丁寧語とパンマルの区別がつくようになれば、韓国語がより楽しくなると思います。この本が韓国語を学んでいる方々に少しでも役立てば幸いです。

本書の特長と使い方

本書は場面別に言いたいことが見つかる日常会話のフレーズ集です。韓国語にはすべて読みがなつきです。使いやすいフレーズを冒頭に集め、さしかえて使える単語も紹介しています。

1 韓国語の基本

韓国語を表す文字ハングルの紹介や発音、文法の基礎を解説しています。

2 さしかえフレーズ

1 基本の形

見出しはフレーズの基本形。言いたいことが探せます。

2 例文

空欄に単語をあてはめた文を例示しています。

3 ポイント解説

フレーズの文法や発音についてわかりやすく解説しています。

4 さしかえ単語

空欄箇所にさしかえる単語例。バリエーションを増やせます。

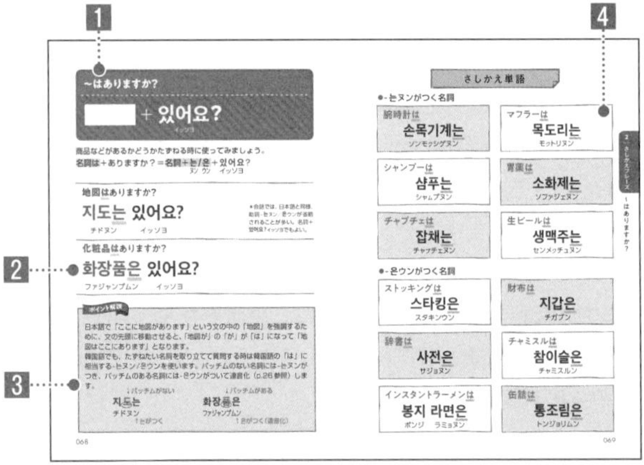

3～11 場面別フレーズ

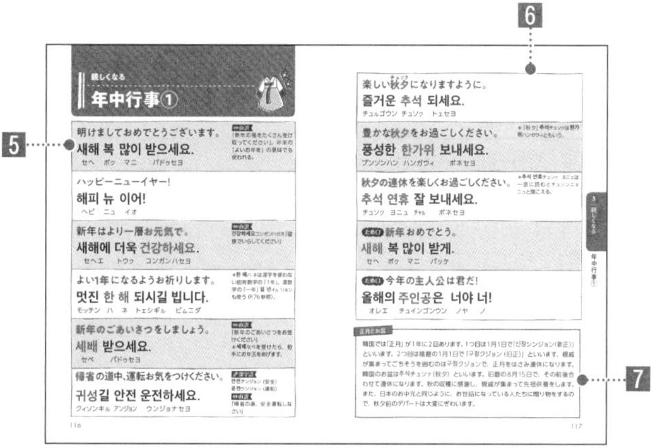

5 実践フレーズ

場面別に豊富なフレーズを紹介しています。日本語と韓国語で対応している単語は色文字にしています。年下の人にしか使えないくだけた表現（パンマル）は ため口 アイコンをつけています。

6 ミニ解説

さしかえて使える単語の紹介 入れ替え 、単語や文の理解を助ける 直訳 漢字語 を紹介。

7 ミニコラム

各ページに関連する単語その他の情報を紹介しています。

◎章末のコラムでコミュニケーション力UP！

韓国の魅力や知っておきたい知識について、コラムで紹介しています。

＊本書では韓国語にカタカナルビをつけていますが、本来の発音をカタカナで表すことはできません。ルビに頼らず 1 章の発音の解説を参照してください。特に「濁る、濁らない」の有声音化は、話す速さや話し方によって個人差があるので、フレーズの中で区切りとなりうる部分では有声音化せずに（濁らずに）ルビを振っています。

もくじ

8 場面別 エステ・メイク

11 場面別 暮らし

1

韓国語の基本

ハングルについて

文字のつくり

韓国語では「ハングル」という文字を使います。「ハングル」は文字の名前なので、日本語を「ひらがな語」と言わないように「ハングル語」という言い方はしません。

韓国では昔、話し言葉をそのまま書き表す文字がありませんでした。紙に書く時には漢語（漢字）を使っていたため、多くの庶民は読むことができませんでした。そこで、15世紀中頃（日本の室町時代の頃）、当時の王様が学者を集めて、話し言葉をそのまま表せる文字を作ったのが「ハングル」です。

庶民たちのために作ったので、すぐに使えるように覚えやすく作られています。たとえば、文字を読むために最低限覚えなければならない文字の数を日本語やローマ字と比べてみましょう。

- 日本語のひらがなは50音それぞれ、音と形を覚えなければなりません。
- ローマ字は26文字あります。
- ハングルは、基本母音の8個と基本子音の10個、18個だけ覚えればOKです。

ハングルが効率よく覚えられるのは、15世紀の学者たちが知恵を絞ってくれたおかげです。ハングルの文字のしくみを見てみましょう。

ハングルは、ローマ字と同じように子音と母音が組み合わさって1つの音を作っています。

左にあるのが子音、右にあるのが母音です。子音と母音をそれぞれローマ字に置き換えれば、ハングルが読めます。

나	라	나라
ⓝ+ⓐ=ナ	ⓛ+ⓐ=ラ	ナ　ラ　（くに）

2つの文字を見比べると、母音のㅏが、[a] だということがわかりますね。

子音と母音は上下に組み合わさることもあります。

누	나	누나
ⓝ+ⓤ=ヌ	ⓝ+ⓐ=ナ	ヌ　ナ　（〈男性から見た〉姉）

今度は、子音ㄴ[n] に、ㅜ[u] の母音とㅏ[a] の母音がついています。では、次の文字はなんと読むでしょう。

루

ㄹが子音[l]で、ㅜが母音の[u]ですから、[lu=ル] と読むことができます。この要領で、子音と母音を覚えてハングルを読んでみましょう。

母音

ハングルの母音は全部で21個あります。でも最初に覚えるのは6個です。6個の母音を組み合わせて21個の音を作ります。

ハングルは子音と母音が組み合わさって1つの文字になるので、母音だけでは文字として成立しません。ここでは音のないゼロの子音ㅇと組み合わせて母音を表します。

◎最低限覚える母音6個

아	a	口を大きく開けて「ア」。日本語の「ア」と同じ
어	ō	口を大きく開けて「オ」。日本語の「オ」より大きめの口で
오	o	口を丸くすぼめて「オ」。日本語の「オ」より狭い口で
우	u	口を丸くすぼめて「ウ」。日本語の「ウ」より狭い口で
으	ū	「イ」の口で「ウ」。日本語の「ウ」より横に広げた口で
이	i	口を横に広げて「イ」。日本語の「イ」と同じ

＊本書では発音をローマ字で表す場合、2つある「オ」と「ウ」を区別するために、口を広く開ける「オ」と「ウ」のローマ字の上に横棒を加えて「ō」「ū」で表記します。

6個の母音の中に「エ[e]」がありません。「エ」はㅏ[a]とㅣ[i]を組み合わせて作ります。日本語でも「うまい」を「うめー」[umai→ume]と言いますね。

애	e	ㅏ+ㅣ。日本語の「エ」と同じ

もう1つ、「おそい」を「おせー」[osoi→ose]と言うように、ㅓ[ō]とㅣ[i]を組み合わせた「エ[e]」もあります。

에	e	ㅓ+ㅣ。日本語の「エ」と同じ

以上の8個が韓国語の「基本母音」です。

◎ヤ行とワ行の母音

残り13個の母音はヤ行とワ行です。日本語ではヤ行のｙとワ行のｗは子音ですが、韓国語では母音として扱います。

まずヤ行ですが、基本母音の短い棒を2本にしてヤ行を作ります。

야	ya	口を大きく開けて「ヤ」
여	yō	口を大きく開けて「ヨ」
요	yo	口を丸くすぼめて「ヨ」
유	yu	口を丸くすぼめて「ユ」
얘	ye	「イェ」
예	ye	「イェ」

ワ行は、母音を2つまたは3つ組み合わせて作ります。

와	wa	ㅗ[o]＋ㅏ[a]。日本語の「ワ」と同じ
외	we	ㅗ[o]＋ㅣ[i]。「**오**」の口の形から「ウェ」
왜	we	ㅗ[o]＋ㅐ[e]。「**오**」の口の形から「ウェ」
워	wo	ㅜ[u]＋ㅓ[ō]。「**우**」の口の形から「ウォ」
위	wi	ㅜ[u]＋ㅣ[i]。「**우**」の口の形から「ウィ」
웨	we	ㅜ[u]＋ㅔ[e]。「**우**」の口の形から「ウェ」

2つとも同じ音

最後に、音がまざらない母音が1つあります。

의	ūi	ㅡ[ū]＋ㅣ[i]。口を横に広げて「**으**」と「**이**」を続けて「ウィ」

ハングルについて

子音

子音は全部で19個ありますが、覚えるべき基本的な子音は10個です。残りの9個は「おまけ」で覚えられます。

子音だけでは文字として成立しないので、母音のㅏ[a]をつけた形で紹介します。まずは基本子音10個です。

◎日本語と同じ音の子音6個

나 na	日本語のナ行と同じ
라 la	日本語のラ行と同じ
마 ma	日本語のマ行と同じ
사 sa	日本語のサ行と同じ
아 a	子音の音はなく、母音のみ
하 ha	日本語のハ行と同じ

◎「濁る、濁らない」の区別がある子音4個

가 ka/ga	語頭ではカ行、語中ではガ行
다 ta/da	タ、テ、トは日本語のタ行と同じ。 語中ではダ、デ、ド
바 pa/ba	語頭ではパ行、語中ではバ行
자 cha/ja	チャ、チュ、チョは日本語のチャ行と同じ。 語中ではジャ、ジュ、ジョ

＊子音**ㄷ**［t］に母音［i］、［u］をつけると、**디**ティ、**드**トゥとなります。「チ」は**지**です。「ツ」を表すハングルはありません。

残り９つの「おまけ」の子音を見てみましょう。

◎激音

「濁る、濁らない」の区別がある子音４個には、「激音」という子音があります。

激音は息を強く出す音です。最初は息だけで「カ」「タ」「パ」「チャ」と練習してみましょう。激音は語中でも濁りません。

카 $k^{h}a$	息を強く吐き出して「カハ」
타 $t^{h}a$	息を強く吐き出して「タハ」
파 $p^{h}a$	息を強く吐き出して「パハ」
차 $ch^{h}a$	息を強く吐き出して「チャハ」

◎濃音

「濁る、濁らない」の区別がある子音４個とㅅ［s］には、「濃音」という子音があります。

濃音は息を止めて出す音です。促音の「ッ」をつけ、「ッ」で息を止めて発音します。濃音は語中でも濁りません。

까 kka	「まっか」の「ッカ」の音
따 tta	「かった」の「ッタ」の音
빠 ppa	「はっぱ」の「ッパ」の音
싸 ssa	「きっさ」の「ッサ」の音
짜 ccha	「まっちゃ」の「ッチャ」の音

◎子音のまとめ

辞書では基本子音のㄱ［k］からㅈ［ch］までそれぞれの最後に濃音が入り、ㅈ［ch］の後に激音が続き、最後がㅎ［h］です。

	ㄱ k	ㄴ n	ㄷ t	ㄹ l	ㅁ m	ㅂ p	ㅅ s	母音のみ	ㅈ ch	ㅎ h
平音	가 k/g	나	다 t/d	라	마	바 p/b	사	아	자 ch/j	하
激音	카 k^h		타 t^h			파 p^h			차 ch^h	
濃音	까 kk		따 tt			빠 pp	싸 ss		짜 cch	

ハングルについて

パッチム

ハングルは子音と母音の組み合わせでできていますが、さらにもう1つ子音がつく場合があります。この2つ目の子音を「パッチム」といいます。

산

ⓢ+ⓐ+ⓝ= サン[san]

손

ⓢ+ⓞ+ⓝ= ソン[son]

上記のㄴ［n］がそれぞれパッチムです。

「キムチ」は、ハングルで**김치**と書きます。発音は［kim-ch^{h}i］、［kimuchi］ではなく、［kimch^{h}i］です。パッチムのㅁ［m］に母音をつけずに発音するのがコツです。**김**［kim］で唇を閉じたまま次の**치**［ch^{h}i］を発音します。

「ソウル」もハングルで書くと**서울**で発音は［sō-ul］、［soulu］ではなく、［sōul］です。最後のパッチムㄹ［l］は、舌を上あごにつけたままにすると母音［u］がつかずに発音できます。

＊カタカナでは、母音のつかない音を書き表せないので、これらパッチムを、「ㇰ」「ㇺ」「ㇽ」「ㇷ゚」と小さな文字で表します。

およそすべての子音がパッチムになりますが、実際に聞こえる発音は次の7種類です。

◎息を止める音のパッチム（閉鎖音）

ㄷ[t]、ㅅ[s]、ㅈ[ch] の子音は、「タ」「サ」「チャ」と声を出すとわかるように、舌の位置は上の歯茎にあり、息の出し方が少しずつ違います。パッチムは、発音する準備をした口の形でキープします。つまり、舌が上の歯茎の位置にあって息を止めるので、ㄷ[t]、ㅅ[s]、ㅈ[ch] 系の子音がパッチムの場合、すべてㄷ[t]の音になります。

◎鼻音・側音のパッチム

ㄴ［n］とㅁ［m］は、発音する準備をした状態でストップしても、鼻から息を出すことができるので「鼻音」と呼びます。ㄹ［l］は舌を上の歯茎につけたまま下の両脇から息が出ていきますので「側音」と呼びます。

子音ㅇはパッチムになると［ng］で発音されますが、最後のgは発音せずに口を開けたままにします。

パッチムの発音

閉鎖音	発音	ㄱ[k]	ㄷ[t]	ㅂ[p]		
閉鎖音	パッチム	ㄱ, ㅋ, ㄲ	ㄷ, ㅌ, ㅅ, ㅆ, ㅈ, ㅊ, ㅎ	ㅂ, ㅍ		
閉鎖音	例	각kak	갇kat	갑kap		
鼻音	発音	ㅇ[ng]	ㄴ[n]	ㅁ[m]	側音	ㄹ[l]
鼻音	パッチム	ㅇ	ㄴ	ㅁ	側音	ㄹ
鼻音	例	강kang	간kan	감kam	側音	갈kal

発音の変化

韓国語は発音のルールが複雑だとよく言われます。文字の通りに読むと発音しにくい場合、楽に発音できるように音が変わるものがほとんどです。ルールを覚えるというより「楽に発音した結果」なので、たくさん読むうちに慣れて、納得して、身につきます。

◎有声音化

ㄱ [k/g]、ㄷ [t/d]、ㅂ [p/b]、ㅈ [ch/j] は、「語頭は濁らず、語中・語末では濁る」子音です。濁らない音 [k] [t] [p] [ch] は声帯の震えのない「無声音」、[g] [d] [b] [j] は声帯の震えがある「有声音」と言います。無声音は有声音に挟まれると有声音化します。

母音は有声音です。無声音の子音が母音に挟まれると、有声音化します。

부부 [pu-pu]（プ-プ）→ [pubu]（プブ）=夫婦

가구 [ka-ku]（カ-ク）→ [kagu]（カグ）=家具

바다 [pa-ta]（パ-タ）→ [pada]（パダ）=海

子音のㄴ[n]ㄹ[l]ㅁ[m]ㅇ[ng]は有声音なので、この次にくる子音は濁ります。

> **남자** [nam-cha]（ナム-チャ）→ [namja]（ナムジャ）=**男子**

＊ただし、有声音に挟まれても有声音化せずに、次で解説する「濃音化」する場合があります。

> **여권** [yō-kwon]（ヨ-クォン）
> → [yōkkwon]（ヨックォン）=**旅券（パスポート）**

◎濃音化

濃音をもつㄱ［k］、ㄷ［t］、ㅂ［p］、ㅈ［ch］、ㅅ［s］の子音は、直前に閉鎖音のパッチム(息を止める音：ㄱ・ㄷ・ㅂグループ)があると濃音で発音されます。閉鎖音のパッチムが小さな「ッ（促音)」の働きをしますので、「濃音化しなければ」と意識しなくても、自然と濃音で発音されます。

> **학교** [hak-kyo] → [hakkyo]（ハクキョ）=**学校**
> **십분** [sip-pun] → [sippun]（シップン）=**10分**

◎連音化

パッチムの次に母音で始まる文字がくると、パッチム(子音)と母音がくっついて発音されます。

인어 [in-ō]（イン-オ）→ [inō]（イノ）=人魚

語中で濁る子音は、連音化すると語中になるので濁って発音されます。

직업 [chik-ōp]（チㇰ-オㇷ゚）→ [chigōp]（チゴㇷ゚）=職業

パッチムがㅇ［ng］の場合は、連音化しません。

영어 [yōng-ō]（ヨンオ）=英語

＊連音化することで、元の子音の音で発音できるようになります。パッチムで終わると、発音の区別がない単語も、連音化するとそれぞれ単語の区別ができるようになります。

박 [pak]（パㇰ）=ひょうたん →박이 [pagi]（パギ）=ひょうたんが
밖 [pak]（パㇰ）=外 →밖이 [pakki]（パッキ）=外が

◎ㅎ[h]の弱音化

子音のㅎは、語頭では［h］で発音されますが、語中にくると弱まって［h］が聞こえなくなることがあります。

語頭は普通に［h］で発音されます。

회사 [hwe-sa]（フェサ）=**会社**

パッチムㄴ［n］、ㅁ［m］、ㄹ［l］の次にくるㅎは弱音化します。

전화 [chōn-hwa] → [chōnwa]（チョヌァ）=**電話**

＊人によって弱音化の程度が異なります。**전화**(電話)を「チョヌァ」と発音する人もいれば、「チョンファ」とㅎ［h］を発音する人もいます。

ㅎ［h］がパッチムで、そのあとに母音が続くとㅎ［h］が発音されません。

놓아요 [noh-a-yo] → [noayo]（ノアヨ）=**置きます**

＊この場合のㅎ［h］は完全に弱音化します。**놓아요**を「ノハヨ」と発音する人はいません。

◎激音化

ㄱ [k]、ㄷ [t]、ㅂ [p] で発音されるパッチムの後にㅎ [h] が続くと、それぞれ激音ㅋ、ㅌ、ㅍで発音されます。

축하 [ch^{h}uk-ha]（チュㇰ-ハ）→ [ch^{h}uk^{h}a]（チュカ）**=祝賀**

[t]で発音されるパッチム（p. 25）は、[t]のままで激音化することがあります。

몇 호 [myōt ho]（ミョッ ホ）→ [myōt^{h}o]（ミョト）**=何号**

パッチムがㅎ[h]で、その後にㄱ [k]、ㄷ [t]、ㅈ [ch] がくると、ㄱ [k]、ㄷ [t]、ㅈ [ch] が激音化します。

좋다 [chot-ta]（チョッ-タ）→ [chot^{h}a]（チョタ）**=よい**

◎鼻音化

鼻音化1

ㄱ [k]、ㄷ [t]、ㅂ [p] で発音されるパッチム（息を止める閉鎖音）の次にㄴ [n]、ㅁ [m] が続くと、閉鎖音が鼻音で発音されます。

「ッ」に聞こえるパッチムが「ン」の音になるのが鼻音化

	舌の位置がのど	舌の位置が上の歯茎	唇を閉じる音
	のどの音	歯の音	唇の音
息を止める閉鎖音	ㄱ [k]	ㄷ [t]	ㅂ [p]
↓	↓	↓	↓
鼻から息を出す鼻音	ㅇ [ng]	ㄴ [n]	ㅁ [m]

上の表を見るとわかるように、パッチムㄱ [k]、ㄷ [t]、ㅂ [p] の、舌の位置や唇の形はそのままで、閉鎖音「ッ」が鼻音「ン」で発音されるわけです。

식물 [sik-mul]（シㇰ-ムㇽ） → [singmul]（シンムㇽ）	=植物
십년 [sip-nyōn]（シㇷ-ニョン） → [simnyōn]（シㇺニョン）	=十年

鼻音化2

パッチムㅁ［m］、ㅇ［ng］の次に続くㄹ［l］はㄴ［n］で発音されます。

음력 [ūm- lyūk]（ウム-リョク）→ [ūmnyūk]（ウムニョク）=陰暦
동료 [tong-lyo]（トン-リョ）→ [tongnyo]（トンニョ）=同僚

鼻音化3

パッチムㄱ［k］、ㅂ［p］の次にㄹ［l］が続くと、パッチムㄱ［k］、ㅂ［p］が鼻音、ㄹ［l］がㄴ［n］で発音されます。

독립 [tok-lip]（トク-リプ）→ [tongnip]（トンニプ）=独立
입력 [ip- lyūk]（イプ-リョク）→ [imnyūk]（イムニョク）=入力

◎側音化

ㄹ［l］とㄴ［n］がぶつかると、どちらもㄹ［l］で発音されます。

ㄹ＋ㄴ＝ㄹ＋ㄹ

설날 [sōl-nal]（ソル-ナル）→ [sōllal]（ソルラル）=元日

ㄴ＋ㄹ＝ㄹ＋ㄹ

연락 [yōn-lak]（ヨン-ラク）→ [yōllak]（ヨルラク）=連絡

◎ㄴ[n]音の挿入

「**부산** [pu-san]（釜山）**역** [yōk]（駅）」のように、2つ以上の語がくっついた名詞の場合、間にㄴ[n]が挿入される場合があります。ㄴ[n]が挿入されるのは、前の単語がパッチムで終わり、後ろの単語が**야**, **여**, **요**, **유**, **이**（ヤ行とイ）で始まる場合です。

부산역（釜山+駅）[pu-san＋yōk]（プサン-ヨㇰ）
→ [pusannyōk]（プサンニョㇰ）

그림엽서（絵+はがき）[kūlim＋yōpsō]（クリㇺ-ヨㇷ゚ソ）
→ [kūlimnyōpsō]（クリㇺニョㇷ゚ソ）

ㄴ[n]が挿入されることによって鼻音化が起こることがあります。

한국 요리（韓国+料理）[hankuk＋yoli]（ハングㇰ-ヨリ）
→ [hankuknyoli]
→ [hankungnyoli]（ハングンニョリ）

ㄴ[n]が挿入されることによって側音化が起こることがあります。

서울역（ソウル+駅）[sōul＋yōk]（ソウㇽ-ヨㇰ）
→ [sōulnyōk]
→ [sōullyōk]（ソウㇽリョㇰ）

表記について

カタカナ・漢字の日韓表記

元が英語の外来語の場合、ハングルを読むだけで意味がわかるものが多くあります。

Christmas	= 크리스마스	ice cream	= 아이스크림
クリスマス	クリスマス	アイスクリーム	アイスクリㇺ

ただ、日本語式の英語と韓国語式の英語のギャップもいくつかあります。このギャップを知っていると、読んで「?」と思うことが少なくなります。

語末の「r」の発音が日本語では「a」、韓国語では「ŏ」に

interior	= 인테리어	computer	= 컴퓨터
インテリア	インテリオ	コンピュータ	コㇺピュト

[æ]の発音が日本語では「a」、韓国語では「e」に

candy	= 캔디	manual	= 매뉴얼
キャンディ	ケンディ	マニュアル	メニュオㇽ

ラ行の音にパッチムㄹ[l]が入る

elevator = 엘리베이터 エレベーター　エルリベイト	cloud = 클라우드 クラウド　クルラウドゥ

語末の「ng」の発音が日本語では「ング」、韓国語では「ン」に。
韓国語では「グ」は発音されない

shopping = 쇼핑 ショッピング　ショピン	jogging = 조깅 ジョギング　チョギン

[f]は日本語ではファ行に、韓国語では「ㅍ」で発音される

file = 파일 ファイル　パイル	figure = 피규어 フィギュア　ピギュオ

語末の[t]が韓国語ではパッチムㅅ[s]で表記される

doughnut = 도넛 ドーナツ　トノッ	internet = 인터넷 インターネット　イントネッ

＊うしろに母音が続いて連音化すると、パッチムㅅ [s] が発音されるので、少し違和感があります。

ドーナツが = 도넛이 トノシ	インターネットに = 인터넷에 イントネセ

漢字も中国から入ってきた外来語です。漢字の日本語式読み方と韓国語式読み方は、とても似ています。

시민 = 市民 シミン　シミン	약속 = 約束 ヤクソク　ヤクソク

漢字の読み方はすべてこのように似ているわけではありませんが、いくつかのルールを知っていると、大まかな見当がつきます。漢字の韓国語式読み方から、日本語式読み方への変換ルールのうち、主なものを紹介します。

ㅐ[e]の母音は日本語ではaとiに分解する

안내 = 案内 an-ne (アンネ) → an-nai	미래 = 未来 mi-le (ミレ) → mi-lai

子音ㅂ/ㅍ[p/b]は日本語ではハ行(濁音含む)に

빈도 = 頻度 pin-do(ピンド) → hin-do	반대 = 反対 pan-de(パンデ) → han-tai

パッチムㄹ[l]は日本語では「ツ(促音含む)」か「チ」に

비밀 = 秘密 pi-mil(ピミル) → hi-miツ	팔 = 八 p^{h}al(パル) → haチ
발달 = 発達 pal-tal(パルタル) → haツ-taツ	

ㅈ、ㅊ [ch/j]の子音は日本語ではサ行かタ行（濁音含む）に

재판 = **裁判** che-p^{h}an(チェパン) → sai-h/ban	**야채** = **野菜** ya-ch^{h}e(ヤチェ) → ya-sai

母音ㅓ, ㅕ [o/yo]は日本語では「e」に

설치 = **設置** sōl-ch^{h}i(ソルチ) → seッ-chi	**전기** = **電気** chōn-gi(チョンギ) → t/den-k/gi

パッチムㄴ [n]は日本語では「ン」、パッチムㅇ [ng]は長音（ー）に

안녕 = **安寧** an-nyōng(アンニョン) → an-ne-	**변동** = **変動** pyōn-dong(ピョンドン) → hen-t/do-

＊本文の解説で「漢字語」として紹介しています。

定型フレーズ

あいさつ・お礼・お詫び

●出会いのあいさつ

初めて会う人や知り合った人に使える日常の定番フレーズです。

こんにちは。

안녕하세요《アンニョンハセヨ》?

直訳は「安寧ですか?」。

はじめまして。

처음《チョウㇺ》 뵙겠습니다《ペㇷ゚ケッスㇺニダ》.

（お会いできて）うれしいです。

반갑습니다《パンガㇷ゚スㇺニダ》.

よろしくお願いします。

잘《チャㇽ》 부탁합니다《プタカㇺニダ》.

こんにちは。

어디《オディ》 가세요《カセヨ》?

直訳は「どちらへ行かれますか?」。出かけるタイミングでのあいさつとして使う。特にどこへ行くか返事をする必要はない。

こんにちは。

밥《パㇺ》 먹었어요《モゴッソヨ》?

直訳は「ご飯食べましたか?」。食事時のあいさつとして使う。特に食べたかどうか答える必要はない。

お久しぶりです。

오래간만이에요《オレガンマニエヨ》.

お元気でしたか?

잘《チャㇽ》 있었어요《イッソッソヨ》?

ようこそいらっしゃいました。

잘《チャㇽ》 오셨습니다《オショッスㇺニダ》.

ここからは同い年や年下の相手に使うフレーズです。

おはよう！

좋은《チョウン》 아침《アチㇺ》!

やあ！

안녕《アンニョン》!

会った時、別れる時とどちらも使える。

元気?

잘《チャㇽ》 있어《イッソ》?

何してた?

뭐《ムォ》 했요《ヘッソ》?

調子はどう?

요즘《ヨジュㇺ》 어때《オッテ》?

変わらないね！

여전하구나《ヨジョナグナ》!

会いたかった～。

보고《ポゴ》 싶었어《シポッソ》 ~.

超久しぶり！

진짜《チンチャ》 오랜만이다《オレンマニダ》!

●別れ際のあいさつ

親しさの度合いや次に会う可能性の有無などで使い分けが必要ですが、使い勝手のよい別れ際のフレーズを覚えておくと便利です。

さようなら。

안녕히《アンニョンヒ》 가세요《カセヨ》.

自分がその場に残る時、立ち去る人に言う。

さようなら。

안녕히《アンニョンヒ》 계세요《ケセヨ》.

自分が立ち去る時、その場に残る人に言う。

さようなら。

잘《チャル》 가요《カヨ》.

自分が残る時に言う。丁寧だがシンプルな表現。

さようなら。

잘《チャル》 계세요《ケセヨ》.

自分が立ち去る時、その場に残る人に言う。丁寧だがシンプルな表現。

また会いましょう。

다음에《タウメ》 또《ット》 만나요《マンナヨ》.

丁寧だがシンプルな表現。

またお会いしましょう。

또《ット》 뵙겠습니다《ペプケッスムニダ》.

より丁寧な表現。

お気をつけて。

조심히《チョシミ》 가세요《カセヨ》.

またね。

또《ット》 봐요《ポァヨ》.

丁寧だがシンプルな表現。

また遊びに来てください。

또《ット》 놀러《ノルロ》 오세요《オセヨ》.

お先に失礼します。

먼저《モンジョ》 가보겠습니다《カボゲッスムニダ》.

職場などで先に帰る時に言う。

ここからは同い年や年下の相手に使うフレーズです。

バイバイ。

안녕《アンニョン》.

またね～。

또《ット》 보자《ポジャ》.

また明日。

내일《ネイル》 또《ット》 보자《ポジャ》.

また会おうね。

또《ット》 만나《マンナ》.

じゃあね！

갈게《カルケ》!

元気でね。

잘《チャル》 지내《チネ》.

●お礼とお詫び

親切にしてもらった時や迷惑をかけてしまった時、気持ちを込めて使いましょう。

ありがとうございます。

감사합니다.

カㇺサハㇺニダ

ありがとう。

고마워요.

コマウォヨ

少しカジュアル。

どういたしまして。

천만에요.

チョンマネヨ

おかげさまです。

덕분입니다.

トㇰプニㇺニダ

力になってくれた人に。

申し訳ありません。

죄송합니다.

チェソンハㇺニダ

ごめんなさい。

미안해요.

ミアネヨ

カジュアル。

私が悪かったです。

제가 잘못했어요.

チェガ　チャㇽモテッソヨ

お詫びします。

사과드리겠습니다.

サグァドゥリゲッスㇺニダ

ありがとう～。

고마워.

コマウォ

サンキュー!／助かる～!

땡큐!

ッテンキュ

ごめんね。

미안.

ミアン

許して。

용서해 줘.

ヨンソヘ　ジュォ

●返事と日常のあいさつ

簡単な返事や、家族などに向けたあいさつのフレーズです。

はい。

예《イエ》. / 네《ネ》.

いいえ。

아닙니다《アニムニダ》. / 아뇨《アニョ》.

わかりました。

알겠습니다《アルゲッスムニダ》.

わかりません。

모르겠습니다《モルゲッスムニダ》.

結構です。

됐어요《トェッソヨ》.

だめです。

안됩니다《アンドェムニダ》.

おはよう。

잘《チャル》 잤어요《チャッソヨ》?

直訳は「よく眠れましたか?」。

おやすみなさい。

안녕히《アンニョンヒ》 주무세요《チュムセヨ》.

いってらっしゃい。

다녀오세요《タニョオセヨ》.

いってきます。

다녀오겠습니다《タニョオゲッスムニダ》.

ただいま。

다녀왔습니다《タニョワッスムニダ》.

お帰りなさい。

다녀오셨어요《タニョオショッソヨ》?

直訳は「帰ってきましたか?」。

定型フレーズ

メッセージカード

●バースデーカード

お世話になった方や、大切な友達に、韓国語でバースデーメッセージを送ってみませんか？　ここでは定番フレーズを紹介します。メールやSNSでも簡単に送れるので、ぜひお祝いの気持ちを伝えてください。

誕生日おめでとうございます。

생일《センイㇽ》 축하합니다《チュカハㇺニダ》.

誕生日おめでとう！

생일《センイㇽ》 축하해《チュカヘ》!

お誕生日を心よりお祝いいたします。

생신을《センシヌㇽ》 진심으로《チンシムロ》 축하드립니다《チュカドゥリㇺニダ》.

大事な私の○○、誕生日おめでとう。

소중한《ソジュンハン》 나의《ナエ》 ○○야《○○ヤ》, 생일《センイㇽ》 축하한다《チュカハンダ》.

●一言添えてみよう

バースデーメッセージに一言添える、使いやすいフレーズを紹介します。

遠くから気持ちを伝えます。

멀리서나마《モルリソナマ》 마음을《マウムル》 전합니다《チョナムニダ》.

幸せな誕生日をお過ごしください。

행복한《ヘンボカン》 생일날《センイルラル》 되세요《トェセヨ》.

素敵な1年にしてください。

멋진《モッチン》 한《ハ》 해《ネ》 되세요《トェセヨ》.

生まれてくれてありがとう。

태어나《テオナ》 줘서《ジュォソ》 고마워요《コマウォヨ》.

これからもよろしく!（これからもっとたくさん愛してあげるね）

앞으로《アプロ》 더《ト》 많이《マニ》 사랑해《サランヘ》 줄게《ジュルケ》!

●グリーティングカード

季節のあいさつや、お世話になった人へのあいさつなどに使えるフレーズです。

明けましておめでとうございます。

새해 복 많이 받으세요.

セヘ　ポㇰ　マニ　パドゥセヨ

豊かなお盆をお過ごしください。

풍성한 한가위 보내세요.

プンソンハン　ハンガウィ　ポネセヨ

楽しいクリスマスをお迎えください。

즐거운 성탄절을 맞이하세요.

チュㇽゴウン　ソンタンジョㇽル　マジハセヨ

結婚おめでとう！

결혼 축하해!

キョロン　チュカヘ

卒業おめでとうございます。

졸업 축하합니다.

チョロㇷ゚　チュカハㇺニダ

お気づかいいただきありがとうございます。

신경 써 주셔서 감사합니다.

シンギョン　ッソ　ジュショソ　カㇺサハㇺニダ

●一言添えてみよう

グリーティングカードに一言添える、使いやすいフレーズを紹介します。

次に会える日を楽しみにしています。

다음《タウㇺ》 만날《マンナㇽ》 날을《ナルㇽ》 기다리겠습니다《キダリゲッスㇺニダ》.

また会う日までお元気で。

다시《タシ》 만날《マンナㇽ》 때까지《ッテッカジ》 건강하세요《コンガンハセヨ》.

幸せと健康をお祈りします。

행복과《ヘンボㇰクァ》 건강을《コンガンウㇽ》 빕니다《ピㇺニダ》.

夢がかないますようにお祈りします。

꿈을《ックムㇽ》 이루시길《イルシギㇽ》 바랍니다《パラㇺニダ》.

お元気でお過ごしください。

건강하게《コンガンハゲ》 사세요《サセヨ》.

文法のあらまし

活用について

●日本語と同じ語順

韓国語が学びやすい外国語だと言われる理由の１つが日本語と「語順が同じ」ことです。「主語・目的語・述語」の順で、名詞に助詞がついて主語か目的語かを区別するのも、日本語と同じです。

主語	目的語	述語
유리가	**오렌지를**	**먹어요.**
ユリガ	オレンジルㇽ	モゴヨ
ユリが	オレンジを	食べます

◎動詞の活用の仕方も同じ

「食べる」という動詞が、「食べます」「食べた」と形を変えることを「活用」といいます。日本語と韓国語はこの活用の仕方が似ています。

<table>
<tr><th>語幹</th><th>語尾</th></tr>
<tr><td rowspan="3">食べ
먹
モㇰ</td><td>る
다
タ</td></tr>
<tr><td>ます
어요
オヨ</td></tr>
<tr><td>た
었다
オッタ</td></tr>
</table>

日本語も韓国語も、動詞の意味を表し活用の時に形を変えない「語幹」と、活用で形が変わる部分の「語尾」に分けることができます。この「語尾」を取り換えて、丁寧形や過去形などを表す構造が日本語と韓国語はそっくりです。

◎活用の種類

日本語の動詞に、五段活用や一段活用などの種類があるように、韓国語の動詞にも活用のパターンが３種類あります。

活用タイプ1
語幹の種類に関係なくすべての語幹に同じ活用語尾がつく。

基本形	語幹	活用語尾	活用形
가다《カダ》（行く）	**가**	+**고 싶다** 希望	→**가고**《カゴ》 **싶다**《シプタ》（行きたい）
		+**겠다** 意志	→**가겠다**《カゲッタ》（行くつもりだ）
		+**지 않다** 否定	→**가지**《カジ》 **않다**《アンタ》（行かない）
먹다《モㇰタ》（食べる）	**먹**	+**고 싶다** 希望	→**먹고**《モㇰコ》 **싶다**《シプタ》（食べたい）
		+**겠다** 意志	→**먹겠다**《モㇰケッタ》（食べるつもりだ）
		+**지 않다** 否定	→**먹지**《モㇰチ》 **않다**《アンタ》（食べない）

活用タイプ2

語幹の母音が陽母音か陰母音かでつく活用語尾が変わる。

陽母音＝ㅏ/ㅗ	陰母音＝その他

基本形	語幹	活用語尾	活用形
찾다《チャッタ》（探す）	**찾** 陽母音	**＋아요** 丁寧	→**찾아요**《チャジャヨ》（探します）
		＋았다 過去	→**찾았다**《チャジャッタ》（探した）
열다《ヨルダ》（開ける）	**열** 陰母音	**＋어요** 丁寧	→**열어요**《ヨロヨ》（開けます）
		＋었다 過去	→**열었다**《ヨロッタ》（開けた）

パッチムのない語幹は、語幹の母音と活用語尾の母音がくっつきます。

基本形	語幹＋活用語尾	縮約形
가다《カダ》（行く）	**가＋아요＝가아요**	→**가요**《カヨ》（行きます）
오다《オダ》（来る）	**오＋아요＝오아요**	→**와요**《ワヨ》（来ます）
주다《チュダ》（あげる）	**주＋어요＝주어요**	→**줘요**《チュォヨ》（あげます）
남기다《ナムギダ》（残す）	**남기＋어요＝남기어요**	→**남겨요**《ナムギョヨ》（残します）

＊**하다**ハダ（する）は、**해요**ヘヨになります。

活用タイプ3

語幹の母音にパッチムがあるかないかでつく活用語尾が変わる。

基本形	語幹	活用語尾	活用形
닫다《タッタ》（閉める）	닫 パッチムあり	+으시다 尊敬	→닫으시다《タドゥシダ》（お閉めになる）
		+으면 仮定	→닫으면《タドゥミョン》（閉めれば）
오다《オダ》（来る）	오 パッチムなし	+시다 尊敬	→오시다《オシダ》（いらっしゃる）
		+면 仮定	→오면《オミョン》（来れば）

＊ここでは動詞を中心に紹介していますが、日本語は動詞と形容詞で活用の仕方が大きく異なるのと違い、韓国語は動詞と形容詞が同じように活用します。

丁寧形の例を見てみましょう。日本語は動詞には「ます」、形容詞には「です」をつけますが、韓国語は両方とも**습니다**《スㇺニダ》がつきます。

食べる	食べます	小さい	小さいです
먹다《モㇰタ》	**먹습니다**《モㇰスㇺニダ》	**작다**《チャㇰタ》	**작습니다**《チャㇰスㇺニダ》

＊動詞や形容詞の語幹によって、変則的に活用するものもあります。ここでは割愛しますが変則活用は主なもので８種類ほどあります。

文法のあらまし

助詞・敬語

●助詞

韓国語も日本語と同じように、名詞のあとに助詞がついて主語や目的語を表したり意味を強めたりします。助詞の使い方は日本語と同じですが、名詞にパッチムがあるかないかで、つく助詞の形が変わるものがあります。

助詞	が	は	を	と（and）	で（手段）
パッチムなし	가《カ》	는《ヌン》	를《ルル》	와《ワ》	로《ロ》
パッチムあり	이《イ》	은《ウン》	을《ウル》	과《クァ》	으로《ウロ》
助詞	に	で（場所）	も（添加）	から	まで
パッチムなし・ありとも	에《エ》	에서《エソ》	도《ト》	에서《エソ/》(場所) 부터《プト》(時間)	까지《ッカヂ》

＊おもな助詞の使い方は、p.55以降でも紹介しています。

＊日本語でも会話の場合に、助詞を入れないことがありますが、韓国語も会話で助詞が脱落することがあります。

〔助詞あり〕 **밥을《パブル》 먹어요《モゴヨ》**？　ご飯を食べますか？

〔助詞なし〕 **밥《パム》 먹어요《モゴヨ》**？　ご飯、食べますか？

●韓国での言葉遣い

日本語では、仕事の場では「です・ます」を使い、友達同士ではくだけた言い方（ため口）を使い、さらにビジネスメールなどでの書き言葉があるなど、場面によって言葉遣いが変わります。韓国語も同じように、相手や場面によって言葉遣いが変わります。

韓国語の敬語体系は、目上の人に対する尊敬語や謙譲語、聞き手に配慮した丁寧語と、ほぼ日本語と同じです。ただ、「です・ます形」といわれる丁寧形が、韓国語には格式体と略式体の２種類あります。格式体（ハムニダ体）は、自己紹介やスピーチなどフォーマルな場面で、略式体（ヘヨ体）は普通の会話の場面でよく使われます。

基本形 **받다**パッタ （受け取る）	非丁寧語	丁寧語	尊敬語
格式体 （ハムニダ体）	**받는다**《パンヌンダ》 受け取る	**받습니다**《パッスムニダ》 受け取ります	**받으십니다**《パドゥシムニダ》 お受け取りになります
略式体（ヘヨ体）	**받아**《パダ》 受け取る	**받아요**《パダヨ》 受け取ります	**받으세요**《パドゥセヨ》 お受け取りになります

＊動詞の場合、日本語は基本形がそのまま非丁寧形として使えますが、韓国語は活用形になります。

＊略式体は、「～る」「～ます」以外に、命令（受け取りなさい）、勧誘（受け取りましょう）などの意味でも使います。

文法のあらまし

名詞＋です（か?）

日本語の「日本人です」や「いくらですか？」という文は、「日本人」「いくら」という名詞に「～です（か？）」がついた名詞文です。韓国語の名詞文も日本語と同じように、名詞のうしろに「～です（か？）」をつけるだけです。

●母音で終わる名詞（パッチムのない名詞）

＊名詞のうしろに**예요**エヨをつけます。

주부《チュブ》 ＋ **예요**《エヨ》 → **주부예요.**《チュブエヨ》

主婦　です　主婦です。

＊疑問文は、文末に「？」をつけます。

주부예요?《チュブエヨ》

主婦ですか?

●実際に作ってみよう!

교사《キョサ》 → **교사예요.**《キョサエヨ》

教師　教師です。

찌개《ッチゲ》 → **찌개예요?**《ッチゲエヨ》

チゲ　チゲですか？

●パッチムで終わる名詞

名詞の最後の文字にパッチムがある場合には、**예요**エヨではなく**이에요**イエヨがつきます。そして名詞の最後の文字のパッチムと**이에요**イエヨの**이**イが連音化（p.26）します。

일본 사람《イルボン サラム》 + **이에요**《イエヨ》 → **일본 사람이에요.**《イルボン サラミエヨ》

日本人　　です　　日本人です。

＊疑問文は、文末に「？」をつけます。

일본 사람이에요?《イルボン サラミエヨ》

日本人ですか?

●実際に作ってみよう!

선물《ソンムル》 → **선물이에요.**《ソンムリエヨ》

おみやげ　おみやげです。

학생《ハクセン》 → **학생이에요.**《ハクセンイエヨ》 （パッチムㅇは連音化しない）

学生　学生です。

김밥《キムパプ》 → **김밥이에요?**《キムパビエヨ》 （パッチムㅂが有声音化）

海苔巻き　海苔巻きですか?

文法のあらまし

動詞＋たいです（か?）

「食事したいです」や「遊びたいです」という文は、「食事する」「遊ぶ」という動詞に「たいです」という希望表現をつけた文です。p. 47の活用タイプ1を使います。

基本形	語幹	活用語尾	活用形
식사하다《シㇰサハダ》 食事する	**식사하**《シㇰサハ》	**고**《コ》 **싶어요**《シポヨ》 たいです	**식사하고**《シㇰサハゴ》 **싶어요**《シポヨ》 食事したいです

「고ゴ」は有声音化（p. 24）

＊疑問文は、文末に「？」をつけます。

식사하고《シㇰサハゴ》 **싶어요?**《シポヨ》

食事したいですか?

●実際に作ってみよう!

걷다《コッタ》 ／ **걷**《コッ》 ＋**고**《コ》 **싶어요**《シポヨ》→**걷고**《コッコ》 **싶어요.**《シポヨ》

歩く　（語幹）　（活用語尾）　歩きたいです。

연애하다《ヨネハダ》／**연애하**《ヨネハ》＋**고**《コ》 **싶어요**《シポヨ》→**연애하고**《ヨネハゴ》 **싶어요?**《シポヨ》

恋愛する　（語幹）　（活用語尾）　恋愛したいですか？

●助詞をプラスしてみよう!

「釜山に行きたいです」「コンビニに行きたいです」など、助詞の「～に」を使って、行きたいところを伝えてみましょう。

①まず「行きたいです」を作ります。

가다《カダ》／ 가《カ》 +고《コ》 싶어요《シポヨ》→가고《カゴ》 싶어요《シポヨ》.

行く （語幹） （活用語尾） 行きたいです。

②「釜山」に助詞の「に」をつけます。(助詞はp.50参照)

부산《プサン》+ 에《エ》 →부산에《プサネ》

釜山 （助詞） 釜山に

③文をつなげます。

부산에《プサネ》 가고《カゴ》 싶어요《シポヨ》.

釜山に行きたいです。

●実際に作ってみよう!

편의점《ピョニジョㇺ》 +에《エ》→편의점에《ピョニジョメ》　**편의점에《ピョニジョメ》 가고《カゴ》 싶어요《シポヨ》.**

コンビニ に コンビニに　コンビニに行きたいです。

미술관《ミスㇽグァン》 +에《エ》→미술관에《ミスㇽグァネ》　**미술관에《ミスㇽグァネ》 가고《カゴ》 싶어요《シポヨ》?**

美術館 に 美術館に　美術館に行きたいですか？

文法のあらまし

動詞ます／ています（か?）

動詞のもっともシンプルな丁寧形です。「(これから) 食べます」と「(今) 食べています」の両方の意味で使えます。さらには、文脈によって「食べなさい (命令)」「食べましょう (勧誘)」の意味になることもあり、とても便利です。

p. 48の活用タイプ2を使います。

基本形	語幹	活用語尾	活用形
먹다《モクタ》 食事する	**먹**《モク》 陰母音	**어요**《オヨ》 ます／ています	**먹어요**《モゴヨ》 食べます／食べています
오다《オダ》 来る	**오**《オ》 陽母音	**아요**《アヨ》 ます／ています	**오아요**《オアヨ》 →**와요**《ワヨ》 来ます／来ています

（母音がくっつく）

陽母音：ㅏㅗ
陰母音：それ以外

＊疑問文は、文末に「？」をつけます。

먹어요？《モゴヨ》

食べますか?

●実際に作ってみよう！

돌다《トルダ》／ **돌**《トル》 ＋ **아요**《アヨ》 → **돌아요.**《トラヨ》

回る　（語幹）　（活用語尾）　回ります／回っています。

●助詞をプラスしてみよう!

「文学を学んでいます」「韓国語を学んでいます」など、助詞の「～を」を使って目的を伝えてみましょう。

①まず「学んでいます」を作ります。

배우다《ペウダ》／배우《ペウ》＋ 어요《オヨ》 →배우어요《ペウオヨ》→ 배워요.《ペウォヨ》

学ぶ　（語幹）　（活用語尾）　学んでいます。

②「文学」に助詞の「～を」をつけます。

↓連音化

문학《ムナㇰ》＋을《ウㇽ》→문학을《ムナグㇽ》

文学　を　文学を

＊母音で終わる名詞には를ルㇽ、パッチムで終わる名詞には을ウㇽをつける (p.50)。

③文をつなげます。

문학을《ムナグㇽ》 배워요.《ペウォヨ》

文学を学んでいます。

●実際に作ってみよう!

한국어《ハングゴ》＋를《ルㇽ》→한국어를《ハングゴルㇽ》　**한국어를《ハングゴルㇽ》 배워요.《ペウォヨ》**

韓国語　を　韓国語を　韓国語を学んでいます。

경영《キョンヨン》＋을《ウㇽ》→ 경영을《キョンヨンウㇽ》　**경영을《キョンヨンウㇽ》 배워요?《ペウォヨ》**

経営　を　経営を　経営を学んでいますか？

文法のあらまし

お動詞+ください

「お書きください」や「お受け取りください」という文は、「書く」「受け取る」という動詞に「お～ください」がついていて尊敬語ではありますが、相手の行動を促す命令の意味合いをもった表現です。p. 49の活用タイプ３を使います。

基本形	語幹	活用語尾	活用形
쓰다《ッスダ》 書く	**쓰**《ッス》 パッチムなし	**세요**《セヨ》 お~ください	**쓰세요**《ッスセヨ》 お書きください
받다《パッタ》 受け取る	**받**《パッ》 パッチムあり	**으세요**《ウセヨ》 お~ください	**받으세요**《パドゥセヨ》 お受け取りください

パドゥセヨは連音化（p.26）

●実際に作ってみよう！

타다《タダ》／ **타**《タ》 + **세요**《セヨ》 → **타세요.**《タセヨ》
乗る　（語幹）　（活用語尾）　お乗りください。

읽다《イㇰタ》／ **읽**《イㇰ》 + **으세요**《ウセヨ》 → **읽으세요?**《イㇽグセヨ》　イㇽグセヨは連音化
読む　（語幹）　（活用語尾）　お読みくださいますか？

●助詞をプラスしてみよう!

「家でお待ちください」「ロビーでお待ちください」など、助詞の「～で」を使って動作を行う場所を伝えてみましょう。

①まず「お待ちください」を作ります。

기다리다《キダリダ》／기다리《キダリ》 +　세요《セヨ》　→ 기다리세요《キダリセヨ》.

待つ　（語幹）　（活用語尾）　お待ちください。

②「家」に助詞の「～で」をつけます。

↓連音化

집《チㇷ》 + 에서《エソ》 → 집에서《チベソ》

家　で　家で

③文をつなげます。

집에서《チベソ》 기다리세요《キダリセヨ》.

家でお待ちください。

●実際に作ってみよう!

로비《ロビ》 + 에서《エソ》 → 로비에서《ロビエソ》

ロビー　で　ロビーで

로비에서《ロビエソ》 기다리세요《キダリセヨ》.

ロビーでお待ちください。

방《パン》 + 에서《エソ》 → 방에서《パンエソ》

部屋　で　部屋で

방에서《パンエソ》 기다리세요《キダリセヨ》?

部屋でお待ちくださいますか?

ハングル一覧表 [基本母音]

基本子音、激音、濃音を母音と組み合わせた文字一覧です。

基本母音	基本子音								
	ㄱ k・g	ㄴ n	ㄷ t・d	ㄹ l	ㅁ m	ㅂ p・b	ㅅ s	ㅇ 無音・ng	ㅈ ch・j
ㅏ a	가 ka カ	나 na ナ	다 ta タ	라 la ラ	마 ma マ	바 pa パ	사 sa サ	아 a ア	자 cha チャ
ㅑ ya	갸 kya キャ	냐 nya ニャ	댜 tya ティャ	랴 lya リャ	먀 mya ミャ	뱌 pya ピャ	샤 sya シャ	야 ya ヤ	쟈 chya チャ
ㅓ o	거 ko コ	너 no ノ	더 to ト	러 lo ロ	머 mo モ	버 po ポ	서 so ソ	어 o オ	저 cho チョ
ㅕ yo	겨 kyo キョ	녀 nyo ニョ	뎌 tyo ティョ	려 lyo リョ	며 myo ミョ	벼 pyo ピョ	셔 syo ショ	여 yo ヨ	져 chyo チョ
ㅗ o	고 ko コ	노 no ノ	도 to ト	로 lo ロ	모 mo モ	보 po ポ	소 so ソ	오 o オ	조 cho チョ
ㅛ yo	교 kyo キョ	뇨 nyo ニョ	됴 tyo ティョ	료 lyo リョ	묘 myo ミョ	뵤 pyo ピョ	쇼 syo ショ	요 yo ヨ	죠 chyo チョ
ㅜ u	구 ku ク	누 nu ヌ	두 tu トゥ	루 lu ル	무 mu ム	부 pu プ	수 su ス	우 u ウ	주 chu チュ
ㅠ yu	규 kyu キュ	뉴 nyu ニュ	듀 tyu ティュ	류 lyu リュ	뮤 myu ミュ	뷰 pyu ピュ	슈 syu シュ	유 yu ユ	쥬 chyu チュ
ㅡ u	그 ku ク	느 nu ヌ	드 tu トゥ	르 lu ル	므 mu ム	브 pu プ	스 su ス	으 u ウ	즈 chu チュ
ㅣ i	기 ki キ	니 ni ニ	디 ti ティ	리 li リ	미 mi ミ	비 pi ピ	시 si シ	이 i イ	지 chi チ

	激音				濃音				
ㅎ h	ㅊ ch^h	ㅋ k^h	ㅌ t^h	ㅍ p^h	ㄲ kk	ㄸ tt	ㅃ pp	ㅆ ss	ㅉ cch
하 ha ハ	차 ch^{h}a チャ	카 k^{h}a カ	타 t^{h}a タ	파 p^{h}a パ	까 kka ッカ	따 tta ッタ	빠 ppa ッパ	싸 ssa ッサ	짜 ccha ッチャ
햐 hya ヒャ	챠 ch^{h}ya チャ	캬 k^{h}ya キャ	탸 t^{h}ya ティャ	퍄 p^{h}ya ピャ	꺄 kkya ッキャ	땨 ttya ッティャ	뺘 ppya ッピャ	쌰 ssya ッシャ	쨔 cchya ッチャ
허 ho ホ	처 ch^{h}o チョ	커 k^{h}o コ	터 t^{h}o ト	퍼 p^{h}o ポ	꺼 kko ッコ	떠 tto ット	뻐 ppo ッポ	써 sso ッソ	쩌 ccho ッチョ
혀 hyo ヒョ	쳐 ch^{h}yo チョ	켜 k^{h}yo キョ	텨 t^{h}yo ティョ	펴 p^{h}yo ピョ	껴 kkyo ッキョ	뗘 ttyo ッティョ	뼈 ppyo ッピョ	쎠 ssyo ッショ	쪄 cchyo ッチョ
호 ho ホ	초 ch^{h}o チョ	코 k^{h}o コ	토 t^{h}o ト	포 p^{h}o ポ	꼬 kko ッコ	또 tto ット	뽀 ppo ッポ	쏘 sso ッソ	쪼 ccho ッチョ
효 hyo ヒョ	쵸 ch^{h}yo チョ	쿄 k^{h}yo キョ	툐 t^{h}yo ティョ	표 p^{h}yo ピョ	꾜 kkyo ッキョ	뚀 ttyo ッティョ	뾰 ppyo ッピョ	쑈 ssyo ッショ	쬬 cchyo ッチョ
후 hu フ	추 ch^{h}u チュ	쿠 k^{h}o ク	투 t^{h}u トゥ	푸 p^{h}u プ	꾸 kku ック	뚜 ttu ットゥ	뿌 ppu ップ	쑤 ssu ッス	쭈 cchu ッチュ
휴 hyu ヒュ	츄 ch^{h}yu チュ	큐 k^{h}yu キュ	튜 t^{h}yu ティュ	퓨 p^{h}yu ピュ	뀨 kkyu ッキュ	뜌 ttyu ッティュ	쀼 ppyu ッピュ	쓔 ssyu ッシュ	쮸 cchyu ッチュ
흐 hu フ	츠 ch^{h}u チュ	크 k^{h}u ク	트 t^{h}o トゥ	프 p^{h}u プ	끄 kku ック	뜨 ttu ットゥ	쁘 ppu ップ	쓰 ssu ッス	쯔 cchu ッチュ
히 hl ヒ	치 ch^{h}i チ	키 k^{h}i キ	티 t^{h}i ティ	피 p^{h}i ピ	끼 kki ッキ	띠 tti ッティ	삐 ppi ッピ	씨 ssi ッシ	찌 cchi ッチ

ハングル一覧表［複合母音］

複合母音	基本子音 ㄱ k・g	ㄴ n	ㄷ t・d	ㄹ l	ㅁ m	ㅂ p・b	ㅅ s	ㅇ 無音・ng	ㅈ ch・j
ㅐ e	개 ke ケ	내 ne ネ	대 tw テ	래 le レ	매 me メ	배 pe ペ	새 se セ	애 e エ	재 che チェ
ㅒ ye	걔 kye ケ	냬 nye ネ	ー	ー	ー	ー	섀 sye セ	얘 ye イェ	쟤 chye チェ
ㅔ e	게 ke ケ	네 ne ネ	데 te テ	레 le レ	메 me メ	베 pe ペ	세 se セ	에 e エ	제 che チェ
ㅖ ye	계 kye ケ	녜 nye ネ	뎨 tye テ	례 lye レ	몌 mye メ	볘 pye ペ	셰 sye セ	예 ye イェ	졔 chye チェ
ㅘ wa	과 kwa クァ	놔 nwa ヌァ	돠 twa トァ	롸 lwa ルァ	뫄 mwa ムァ	봐 pwa プァ	솨 swa スァ	와 wa ワ	좌 chwa チュア
ㅙ we	괘 kwe クェ	ー	돼 twe トェ	ー	ー	봬 pwe プェ	쇄 swe スェ	왜 we ウェ	좨 chwe チェ
ㅚ we	괴 kwe クェ	뇌 nwe ヌェ	되 twe トェ	뢰 lwe ルェ	뫼 mwe ムェ	뵈 pwe プェ	쇠 swe スェ	외 we ウェ	죄 chwe チェ
ㅝ wo	궈 kwo クォ	눠 nwo ヌォ	둬 two トォ	뤄 lwo ルォ	뭐 my ムォ	붜 pwo プォ	숴 swo スォ	워 wo ウォ	줘 chwo チュオ
ㅞ we	궤 kwe クェ	눼 nwe ヌェ	뒈 twe トェ	뤠 lwe ルェ	뭬 mwe ムェ	붸 pwe プェ	쉐 swe スェ	웨 we ウェ	줴 chwe チェ
ㅟ wi	귀 kwi クィ	뉘 nwi ヌィ	뒤 twi トィ	뤼 lwi ルィ	뮈 mwi ムィ	뷔 pwi プィ	쉬 swi スィ	위 wi ウィ	쥐 chwi チュイ
ㅢ ui	긔 kui クィ	늬 nui ヌィ	듸 tui トィ	ー	ー	ー	ー	의 ui ウィ	ー

※空欄になっているところは、実際には使われない文字です。

	激音				濃音				
ㅎ h	ㅊ ch^h	ㅋ k^h	ㅌ t^h	ㅍ p^h	ㄲ kk	ㄸ tt	ㅃ pp	ㅆ ss	ㅉ cch
해 he ヘ	채 ch^{h}e チェ	캐 k^{h}e ケ	태 t^{h}e テ	패 p^{h}e ペ	깨 kke ッケ	때 tte ッテ	빼 ppe ッペ	쌔 sse ッセ	째 cche ッチェ
—	—	—	—	—	—	—	—	—	—
헤 he ヘ	체 ch^{h}e チェ	케 k^{h}e ケ	테 t^{h}e テ	페 p^{h}e ペ	께 kke ッケ	떼 tte ッテ	뻬 ppe ッペ	쎄 sse ッセ	쩨 cche ッチェ
혜 hye ヘ	쳬 ch^{h}ye チ	켸 k^{h}ye ケ	톄 t^{h}ye テ	폐 p^{h}ye ペ	꼐 kkye ッケ	—	—	—	—
화 hwa ファ	촤 ch^{h}wa チュア	콰 k^{h}wa クァ	톼 t^{h}wa トァ	퐈 p^{h}wa プァ	꽈 kkwa ックァ	똬 ttwa ットァ	—	쏴 sswa ッスァ	쫘 cchwa ッチュア
홰 hwe フェ	—	쾌 k^{h}we クェ	퇘 t^{h}we トェ	—	꽤 kkwe ックェ	뙈 ttwe ットェ	—	쐐 sswe ッスェ	쫴 cchwe ッチェ
회 hwe フェ	최 ch^{h}we チェ	쾨 k^{h}we クェ	퇴 t^{h}we トェ	푀 p^{h}we プェ	꾀 kkwe ックェ	뙤 ttwe ットェ	뾔 ppwe ップェ	쐬 sswe ッスェ	쬐 cchwe ッチェ
훠 hwo フォ	춰 ch^{h}wo チュオ	쿼 k^{h}wo クォ	퉈 t^{h}wo トォ	풔 p^{h}wo プォ	꿔 kkwo ックォ	뚸 ttwo ットォ	—	쒀 sswo ッスォ	쭤 cchwo ッチュオ
훼 hwe フェ	췌 ch^{h}we チェ	퀘 k^{h}we クェ	퉤 t^{h}we トェ	—	꿰 kkwe ックェ	뛔 ttwe ットェ	—	쒜 sswe ッスェ	—
휘 hwi フィ	취 ch^{h}wi チュイ	퀴 k^{h}wi クィ	튀 t^{h}wi トィ	퓌 p^{h}wi プィ	뀌 kkwi ックィ	뛰 ttwi ットィ	—	쒸 sswi ッスィ	쮜 cchwi ッチュイ
희 hui フィ	—	—	틔 t^{h}ui トィ	—	—	띄 ttui ットィ	—	씌 ssui ッスィ	—

知っ得！

ジミン？ チミン？ 濁るか濁らないか

韓国人の지민という名前は日本語で「ジミン」と表記します。発音のルールからいうと子音のㅈは語頭では濁らないから「チミン」になるはずです。韓国の名前はややこしく、ファーストネームだけで呼ぶ時にはㅈは濁らずに聞こえ、その前に이イ(李)や김キム(金)という姓をつけると이지민(イジミン)、김지민(キムジミン)とㅈが濁って聞こえます。日本語母語話者には、濁るか濁らないかは「血(チ)」と「字(ジ)」のように意味が変わってくるので気になります。例えば韓国語の지지(支持)は、日本語母語話者にはチジと聞こえます。語頭は濁らず、有声音に挟まれたㅈは濁って聞こえるからです。ところが韓国語母語話者には、지지(支持)の지は両方とも同じ音に聞こえるのです。同じ音だからこそ、지지は同じ文字で書くわけです。だから韓国語では、지は全部カタカナで「ジ」と表記します。韓国語母語話者にとって別の音なのは、지と치ですから、치は「チ」と表記します。しかし日本語母語話者には、지も치も両方とも「チ」と聞こえます。日本語の「治療」は、穏やかに「チリョウ」と言っても、息を強く出して「チリョウ」と言っても通じますが、韓国語だと「治療」は치료チリョで、지료チリョというと「地料（地代の意味)」です。母語によって聞こえ方が異なるというのが興味深いですね。

<日本語母語話者と韓国語母語話者の聞こえ方の違い>

	ch^{h}i-lyo **치료**	chi-lyo **지료**	chi-min **지민**	i-ji-min **이지민**
日本語母語話者		チ		ジ
韓国語母語話者	チ		ジ	

2

さしかえフレーズ

~はどこですか?

＋ 어디예요?《オディエヨ》

場所をたずねる時に使ってみましょう。

名詞は＋どこですか？＝名詞＋가《カ》/이《イ》＋어디예요?《オディエヨ》

入口はどこですか?

입구가《イㇷ゚クガ》 어디예요?《オディエヨ》

＊会話では、日本語と同様、助詞-**가**《カ》／**이**《イ》が省略されることが多い。名詞＋**어디예요?**《オディエヨ》でもよい。

トイレはどこですか?

화장실이《ファジャンシリ》 어디예요?《オディエヨ》

ポイント解説

日本語では「~はどこですか？」と言う場合、名詞に助詞の「は」をつけますが、韓国語では日本語の助詞「が」に相当する-가《カ》/이《イ》をつけて「~がどこですか？」という形になります。パッチムがある名詞には-이《イ》がつくので、連音化（p.26参照）が起きます。

↓パッチムがない

입구《イㇷ゚ク》 ＋ **가**《ガ》

↑가がつく

↓パッチムがある

화장실《ファジャンシ》 ＋ **이**《リ》

↑이がつく

ファジャンシル＋イ

↓連音化

ファジャンシリ

さしかえ単語

● -가カがつく名詞

この住所は
이《イ》 주소가《ジュソガ》

出口は
출구가《チュルグガ》

このお店は
이《イ》 가게가《ガゲガ》

交番は
파출소가《パチュルソガ》

遺失物センターは
분실《プンシル》 센터가《セントガ》

観光案内所は
관광《クァングァン》 안내소가《アンネソガ》

● -이イがつく名詞

地下鉄の駅は
지하철역이《チハチョルリョギ》

タクシー乗り場は
택시《テクシ》 타는《タヌン》 곳이《ゴシ》

バス停は
버스《ポス》 정류장이《ジョンニュジャンイ》

銀行は
은행이《ウネンイ》

郵便局は
우체국이《ウチェグギ》

コンビニは
편의점이《ピョニジョミ》

～はありますか?

□ + 있어요?《イッソヨ》

商品などがあるかどうかたずねる時に使ってみましょう。

名詞は＋ありますか？＝名詞＋는《ヌン》/은《ウン》＋있어요《イッソヨ》?

地図はありますか?

지도는《チドヌン》 있어요?《イッソヨ》

＊会話では、日本語と同様、助詞-는ヌン／은ウンが省略されることが多い。名詞＋**있어요?**イッソヨでもよい。

化粧品はありますか?

화장품은《ファジャンプムン》 있어요?《イッソヨ》

ポイント解説

日本語で「ここに地図があります」という文の中の「地図」を強調するために、文の先頭に移動させると、「地図が」の「が」が「は」になって「地図はここにあります」となります。
韓国語でも、たずねたい名詞を取り立てて質問する時は韓国語の「は」に相当する-는ヌン/은ウンを使います。パッチムのない名詞には-는ヌンがつき、パッチムのある名詞には-은ウンがついて連音化（p.26参照）します。

↓パッチムがない
지도는《チドヌン》
↑는がつく

↓パッチムがある
화장품은《ファジャンプムン》
↑은がつく（連音化）

さしかえ単語

● -는ヌンがつく名詞

腕時計は
손목시계는《ソンモㇰシゲヌン》

マフラーは
목도리는《モㇰトリヌン》

シャンプーは
샴푸는《シャㇺプヌン》

胃薬は
소화제는《ソファジェヌン》

チャプチェは
잡채는《チャㇷ゚チェヌン》

生ビールは
생맥주는《センメㇰチュヌン》

● -은ウンがつく名詞

ストッキングは
스타킹은《スタキンウン》

財布は
지갑은《チガブン》

辞書は
사전은《サジョヌン》

チャミスルは
참이슬은《チャミスルン》

インスタントラーメンは
봉지《ポンジ》 **라면은**《ラミョヌン》

缶詰は
통조림은《トンジョリムン》

（場所に）ありますか?

＿＿＿＿ + 에《エ》 있어요《イッソヨ》?

どこにあるのか具体的にたずねる時に使ってみましょう。
(場所に)＋ありますか？＝場所＋에《エ》＋있어요《イッソヨ》？

何階にありますか?

몇《ミョッ》 층에《チュンエ》 있어요《イッソヨ》?

ホテルの前にありますか?

호텔 앞에《ホテラペ》 있어요《イッソヨ》?

ポイント解説

場所を表す名詞につく助詞「に」は韓国語で、에エです。母音で始まるので、パッチムのある名詞につくと連音化（p.26参照）が起きます。
母音で始まる앞アㇷ゚（前）、안アン（中）などが、パッチムのある名詞の後ろにくると連音化が起きます。
「ホテルの前」のように、日本語では「～の前／後ろ／横」と「の」が入りますが、韓国語では助詞を入れる必要はありません。また、位置を表す앞アㇷ゚（前）、안アン（中）は母音で始まるので、パッチムのある名詞の後ろにくると連音化します。

さしかえ単語

どこ（どこに）

어디《オディ》 (어디에《オディエ》)

どっち（どっちに）

어느《オヌ》 쪽《ッチョㇰ》 (어느《オヌ》 쪽에《ッチョゲ》)

1階（1階に）

일층《イㇽチュン》 (일층에《イㇽチュンエ》)

地下（地下に）

지하《チハ》 (지하에《チハエ》)

この近く（この近くに）

이《イ》 근처《グンチョ》 (이《イ》 근처에《グンチョエ》)

反対側（反対側に）

반대편《パンデピョン》 (반대편에《パンデピョネ》)

向こう側（向こう側に）

건너편《コンノピョン》 (건너편에《コンノピョネ》)

建物の中（建物の中に）

건물 안《コンムラン》 (건물 안에《コンムラネ》)

免税店（免税店に）

면세점《ミョンセジョㇺ》 (면세점에《ミョンセジョメ》)

コンビニ（コンビニに）

편의점《ピョニジョㇺ》 (편의점에《ピョニジョメ》)

ホテル（ホテルに）

호텔《ホテㇽ》 (호텔에《ホテレ》)

市場（市場に）

시장《シジャン》 (시장에《シジャンエ》)

＊（　　）内は**에**エを後ろにつけた際の発音です。

~（いくつ）ください

＋ 주세요《チュセヨ》.

買い物などで欲しい数や量を伝える時に使ってみましょう。
(名詞)＋数詞＋ください ＝(名詞)＋数詞 ＋주세요《チュセヨ》.

1つください。

하나《ハナ》 주세요《チュセヨ》.

キムチチゲ、一人分ください。

김치찌개《キムチッチゲ》 일《イ》 인분《リンブン》 주세요《チュセヨ》.

ポイント解説

韓国語の数詞は、漢数字と固有数字の2種類あります。漢数字は漢字の一、二、三……を韓国語式に読んだものなので、日本語の音と似ていて覚えやすいです。
漢数字を使うか、固有数字を使うかは、後ろにつく助数詞（「個」、「枚」、「時」、「キロ」など）によって決まります。
ここでは、数字をハングルで書き表していますが、通常はアラビア数字で2개トゥゲ（2個）、5000원オチョヌォン（5000ウォン）のように表記します。

さしかえ単語

漢数字

一キロ

일《イル》 킬로《キルロ》

二人分

이《イ》 인분《インブン》

＊～人は固有数字、～人分は漢数字を使います。

五千ウォン分

오천《オチョ》 원《ヌォ》 어치《ノチ》

三百グラム

삼백《サムベク》 그램《クレム》

固有数字

1つだけ

하나만《ハナマン》

1箱

한《ハン》 박스《パクス》

2個

두《トゥ》 개《ゲ》

コーヒー、2杯

커피《コピ》 두《トゥ》 잔《ジャン》

これ、3個

이거《イゴ》 세《セ》 개《ゲ》

同じもの、4個

같은《カトゥン》 거《ゴ》 네《ネ》 개《ゲ》

切符、5枚

표《ピョ》 다섯《タソッ》 장《チャン》

フェイスパック、10枚

마스크팩《マスクペク》 열《ヨル》 장《チャン》

漢数字と漢数字に使う助数詞

●漢数字

零 영《ヨン》/공《コン》	七 칠《チㇽ》	十四 십사《シㇷ゚サ》	三十 삼십《サㇺシㇷ゚》
一 일《イㇽ》	八 팔《パㇽ》	十五 십오《シボ》	四十 사십《サシㇷ゚》
二 이《イ》	九 구《ク》	十六 십육《シㇺニュㇰ》	五十 오십《オシㇷ゚》
三 삼《サㇺ》	十 십《シㇷ゚》	十七 십칠《シㇷ゚チㇽ》	六十 육십《ユㇰシㇷ゚》
四 사《サ》	十一 십일《シビㇽ》	十八 십팔《シㇷ゚パㇽ》	七十 칠십《チㇽシㇷ゚》
五 오《オ》	十二 십이《シビ》	十九 십구《シㇷ゚ク》	八十 팔십《パㇽシㇷ゚》
六 육《ユㇰ》	十三 십삼《シㇷ゚サㇺ》	二十 이십《イシㇷ゚》	九十 구십《クシㇷ゚》

百 **백** ペク	千 **천** チョン	万 **만** マン	億 **억** オク

● 漢数字に使う助数詞

年 **년** ニョン	週／週間 **주일** チュイル	センチメートル **센티미터** センティミト
月 **월** ウォル	階 **층** チュン	メートル **미터** ミト
日 **일** イル	泊 **박** パク	ウォン **원** ウォン
分 **분** プン	か月 **개월** ケウォル	キロ **킬로** キルロ
秒 **초** チョ	度（温度） **도** ト	グラム **그램** クレム

固有数字と固有数字に使う助数詞

●固有数字

1 하나《ハナ》* （한《ハン》）	11 열하나《ヨラナ》	
2 둘《トゥル》* （두《トゥ》）	12 열둘《ヨルトゥル》	
3 셋《セッ》* （세《セ》）	13 열셋《ヨルセッ》	30 서른《ソルン》
4 넷《ネッ》* （네《ネ》）	14 열넷《ヨルレッ》	40 마흔《マフン》
5 다섯《タソッ》	15 열다섯《ヨルタソッ》	50 쉰《スィン》
6 여섯《ヨソッ》	16 열여섯《ヨルリョソッ》	60 예순《イェスン》
7 일곱《イルゴプ》	17 열일곱《ヨルリルゴプ》	70 일흔《イルン》
8 여덟《ヨドル》	18 열여덟《ヨルリョドル》	80 여든《ヨドゥン》
9 아홉《アホプ》	19 열아홉《ヨラホプ》	90 아흔《アフン》
10 열《ヨル》	20 스물《スムル》* （스무《スム》）	99 아흔아홉《アフナホプ》

＊하나ハナ(1)、둘トゥル(2)、셋セッ(3)、넷ネッ(4)、스물スムル(20)は、後ろに助数詞がつくと、それぞれ한ハン、두トゥ、세セ、네ネ、스무スムと形が変わります。

● 固有数字に使う助数詞

個 개《ケ》	枚 장《チャン》	着（服） 벌《ポル》
1個 한《ハン》 개《ゲ》	杯 잔《チャン》	本（鉛筆や銃など） 자루《チャル》
2個 두《トゥ》 개《ゲ》	冊 권《クォン》	本（瓶など） 병《ピョン》
3個 세《セ》 개《ゲ》	歳 살《サル》	足 켤레《キョルレ》
4個 네《ネ》 개《ゲ》	人 명《ミョン》	回（回数） 번《ポン》
5個 다섯《タソッ》 개《ケ》	匹 마리《マリ》	時 시《シ》
20個 스무《スム》 개《ゲ》	台 대《テ》	時間 시간《シガン》

～お願いします

□ ＋ 부탁합니다《プタカㇺニダ》.

何かを持ってきてほしい時や、お願いをする時などに使ってみましょう。

名詞＋お願いします ＝ 名詞 ＋부탁합니다《プタカㇺニダ》.

メニュー、 お願いします。

메뉴《メニュ》 부탁합니다《プタカㇺニダ》.

お会計、 お願いします。

계산《ケサン》 부탁합니다《プタカㇺニダ》.

ポイント解説

메뉴 부탁합니다. メニュ　プタカㇺニダ（メニュー、お願いします）は「メニューを持ってきてください」と言いたい場合に、계산 부탁합니다. ケサン　プタカㇺニダ（お会計、お願いします）は「お会計をしてください」と言いたい場合に、日本語と同じように使います。
お願い事（메뉴メニュー、계산お会計など）の後ろに、좀チョㇺ（ちょっと）を入れると、少し遠慮気味なニュアンスになります。

メニュー、ちょっとお願いします。

메뉴《メニュ》 좀《チョㇺ》 부탁합니다《プタカㇺニダ》.

さしかえ単語

水
물
ムル

箸とスプーンのセット
수저
スジョ

お皿
접시
チョプシ

おしぼり
물수건
ムルスゴン

コメント
댓글
テックル

いいね！（SNSで）
좋아요!
チョアヨ

ルームサービス
룸서비스
ルムソビス

サイン
사인
サイン

おすすめ
추천
チュチョン

連絡
연락
ヨルラク

電話
전화
チョヌァ

確認
확인
ファギン

～してください

□ ＋해《ヘ》 주세요《ジュセヨ》.

何かを頼みたい時に使ってみましょう。

名詞＋してください＝名詞 ＋해《ヘ》 주세요《ジュセヨ》.

案内してください。

안내해《アンネヘ》 주세요《ジュセヨ》.

両替してください。

환전해《ファンジョネ》 주세요《ジュセヨ》.

ポイント解説

해 주세요へ　ジュセヨが「してください」なので、その前に「予約」「変更」「交換」（右ページ参照）などの名詞を入れると、いろいろな表現ができます。

パッチムのある名詞をつける場合、連音化や激音化（p.26、28参照）などが起きますので、発音に気を付けてください。

右ページでは紹介していませんが、「プリント」 프린트プリントゥ、「アップデート」 업데이트オㇷ゚テイトゥ、「カット」 커트コトゥ、「マッサージ」 마사지マサジなど、カタカナ語は日本語と音が似ているので、便利に使えます（p.32参照）。

さしかえ単語

紹介（紹介して）

소개《ソゲ》 **(소개해)**《ソゲへ》

ショートメール（ショートメールして）

문자《ムンチャ》 **(문자해)**《ムンチャへ》

取り消し（取り消しして）

취소《チュィソ》 **(취소해)**《チュイソへ》

変更（変更して）

변경《ピョンギョン》 **(변경해)**《ピョンギョンへ》

説明（説明して）

설명《ソㇽミョン》 **(설병해)**《ソルミョンへ》

予約（予約して）

예약《イェヤㇰ》 **(예약해)**《イェヤケ》

交換（交換して）

교환《キョファン》 **(교한해)**《キョファネ》

返品（返品して）

반품《パンプㇺ》 **(반품해)**《パンプメ》

通訳（通訳して）

통역《トンヨㇰ》 **(통역해)**《トンヨケ》

応援（応援して）

응원《ウンウォン》 **(응원해)**《ウンウォネ》

記憶（覚えていて）

기억《キオㇰ》 **(기억해)**《キオケ》

約束（約束して）

약속《ヤㇰソㇰ》 **(약속해)**《ヤㇰソケ》

＊（　）内は**해**へを後ろにつけた際の発音です。

～を教えてください

＋ 가르쳐《カルチョ》 주세요《ジュセヨ》.

何かを教えてもらいたい時に使ってみましょう。

名詞を＋教えてください＝名詞＋를《ルル》/을《ウル》＋가르쳐《カルチョ》 주세요《ジュセヨ》.

韓国語を教えてください。

한국어를《ハングゴルル》 가르쳐《カルチョ》 주세요《ジュセヨ》.

＊会話では、日本語と同様、助詞-를《ルル》／을《ウル》が省略されることが多い。名詞+**가르쳐《カルチョ》 주세요《ジュセヨ》**でもよい。

名前を教えてください。

이름을《イルムル》 가르쳐《カルチョ》 주세요《ジュセヨ》.

ポイント解説

名詞に日本語の「を」にあたる助詞をつけます。パッチムのない名詞には-를《ルル》を、パッチムのある名詞には-을《ウル》をつけます。パッチムのある名詞の場合、連音化（p.26参照）しますので、発音に気を付けてください。

↓パッチムがない

한국어《ハングゴ》 ＋ 를《ルル》

↑를がつく

↓パッチムがある

이름《イルム》 ＋ 을《ウル》

↑을がつく

イルム＋ウル

↓連音化

イルムル

さしかえ単語

● -를《ルル》がつく名詞

住所を 주소를《チュソルル》	場所を 장소를《チャンソルル》
電話番号を 전화번호를《チョヌァボノルル》	メールアドレスを 이《イ》 메일《メイル》 주소를《チュソルル》
連絡先を 연락처를《ヨルラクチョルル》	漢字を（名前や住所などの） 한자를《ハンチャルル》

● -을《ウル》がつく名詞

歌の題名を 노래《ノレ》 제목을《ジェモグル》	誕生日を 생일을《センイルル》
行き方を 가는《カヌン》 길을《キルル》	出発時間を 출발《チュルバル》 시간을《シガヌル》
日程を 일정을《イルチョンウル》	使用方法を 사용법을《サヨンポブル》

(~く・~に) してください

＋해《へ》 주세요《ジュセヨ》.

状態や時間的なことに関してお願いする時に使ってみましょう。

副詞＋してください＝副詞＋해《へ》 주세요《ジュセヨ》.

早くしてください。

빨리해《パㇽリヘ》 주세요《ジュセヨ》.

安くしてください。

싸게해《ッサゲヘ》 주세요《ジュセヨ》.

ポイント解説

時間(「今度」、「今すぐ」、など)や、状態(「早く」、「強く」、「静かに」、「きれいに」、など)を表す言葉をつけて、そのようにお願いする文です。「いつ」「どのように」するのか、くわしく説明するこれらの言葉を「副詞」といいます。副詞部分を、p80「名詞＋してください」などにプラスして使うこともできます。

早く両替してください。

빨리《ッパㇽリ》 환전해《ファンジョネ》 주세요《ジュセヨ》.

ゆっくり説明してください。

천천히《チョンチョニ》 설명해《ソㇽミョンヘ》 주세요《ジュセヨ》.

さしかえ単語

強く
세게《セゲ》

別々に
따로따로《ッタロッタロ》

今度
다음에《タウメ》

辛くなく（辛くしないで）
안《アン》 맵게《メㇷ゚ケ》

同じように
똑같이《ットㇰカチ》

静かに
조용히《チョヨンヒ》

きれいに（清潔に）
깨끗이《ッケックシ》

ゆっくり
천천히《チョンチョニ》

はっきり
확실히《ファㇰシリ》

今すぐ
지금《チグㇺ》 바로《パロ》

派手に
화려하게《ファリョハゲ》

きちんと
단정하게《タンジョンハゲ》

～です（状態を表す）

□ ＋ 해요《ヘヨ》.

気持ちや状態を伝える時に使ってみましょう。

名詞＋です ＝ 名詞 ＋해요《ヘヨ》.

セクシーです。

섹시해요《セクシヘヨ》.

有名です。

유명해요《ユミョンヘヨ》.

ポイント解説

-해요ヘヨは状態を表す名詞（「有名」「シンプル」「単純」「ナチュラル」など）に-해요ヘヨがついて、「～です」という形容詞になります。
元が英語の単語や漢字を使う単語（漢字語）は、日本語と音が似ているので覚えやすいです。ただ、-해요ヘヨが続くと連音化や激音化（p.26、28参照）が起きるので、発音を確認しておきましょう。
最初に主語を入れる場合、「～は／が有名です」のように、通常は「は」や「が」をつけますが、会話であれば「は／が」を省略できます。

このホテル、有名です。

이《イ》 호텔《ホテル》 유명해요《ユミョンヘヨ》.

さしかえ単語

ロマンチック
로맨틱(로맨틱해요)
ロメンティク　ロメンティケヨ

キュート
큐트(큐트해요)
キュトゥ　キュトゥヘヨ

シンプル
심플(심플해요)
シムプル　シムプレヨ

クール
쿨(쿨해요)
クル　クレヨ

ホット
핫(핫해요)
ハッ　ハテヨ

ナチュラル
내추럴(내추럴해요)
ネチュロル　ネチュロレヨ

満足
만족(만족해요)
マンジョク　マンジョケヨ

幸福
행복(행복해요)
ヘンボク　ヘンボケヨ

単純
단순(단순해요)
タンスン　タンスネヨ

簡単
간단(간단해요)
カンダン　カンダネヨ

確実
확실(확실해요)
ファクシル　ファクシレヨ

特別
특별(특별해요)
トゥクピョル　トゥクピョレヨ

＊（　）内は**해요**ヘヨを後ろにつけた際の発音です。

～します／しています（動作名詞）

［　　　］＋ 해요《ヘヨ》.

何をしているか伝える時に使ってみましょう。

名詞＋します／しています＝名詞＋해요《ヘヨ》.

勉強します／しています。

공부해요《コンブヘヨ》.

仕事します／しています。

일해요《イレヨ》.

ポイント解説

-해요ヘヨは動作を表す名詞（「連絡」「勉強」「料理」など）に-해요ヘヨがついて、「～します／しています」という動詞になります。
日本語だと、「勉強します」はこれからの予定について話す時、「勉強しています」は今現在の進行形として使い分けますが、韓国語では両方の場合に使えます。
前にくる名詞にパッチムがあると、-해요ヘヨのㅎが弱音化して連音化したり激音化したりするので（p.26～28参照）、発音を確認しておきましょう。

さしかえ単語

料理
요리《ヨリ》

食事
식사《シㇰサ》

旅行
여행《ヨヘン》

観光
관광《クァングァン》

約束
약속《ヤㇰソㇰ》**(약속해요**《ヤㇰソケヨ》**)**

連絡
연락《ヨㇽラㇰ》**(연락해요**《ヨㇽラケヨ》**)**

ショッピング
쇼핑《ショピン》

ドライブ
드라이브《トゥライブ》

シャワー
샤워《シャウォ》

アップロード
업로드《オㇺノドゥ》

チェックアウト
체크아웃《チェクアウッ》**(체크아웃해요**《チェクアウテヨ》**)**

電話
전화《チョヌァ》

＊（　）内は**해요**へヨを後ろにつけた際の発音です。

～が好きです

□ ＋ 좋아해요.《チョアヘヨ》

好きなものを伝えると相手との距離が縮まりそうですね。

名詞を＋好みます＝名詞＋를《ルル》/을《ウル》＋좋아해요《チョアヘヨ》.

映画が好きです。（映画を好みます）

영화를《ヨンファルル》 좋아해요.《チョアヘヨ》

＊会話では、日本語と同様、助詞-**를**ルル/**을**ウルが省略されることが多い。名詞＋**좋아해요**チョアヘヨでもよい。

K-POPが好きです。（K-POPを好みます）

케이팝을《ケイパブル》 좋아해요.《チョアヘヨ》

ポイント解説

日本語の「映画が好きです」を韓国語にすると、영화를 좋아해요ヨンファルル チョアヘヨとなりますが、直訳すると「映画を好みます」です。日本語では助詞は「映画が」のように「が」を使いますが、韓国語は「を」にあたる-를ルル/을ウルを使います。パッチムのない名詞には-를ルル、パッチムのある名詞には-을ウルを使います。

「好き」の度合いを強めたい時は、「とても」아주アジュを入れます。

K-POPがとても好きです。

케이팝을《ケイパブル》 아주《アジュ》 좋아해요.《チョアヘヨ》

さしかえ単語

-를ルㇽがつく名詞

韓国料理が
한국 요리를
ハングン　ニョリルㇽ

韓国ドラマが
한국 드라마를
ハングㇰ　トゥラマルㇽ

サッカーが
축구를
チュㇰクルㇽ

テニスが
테니스를
テニスルㇽ

ネコが
고양이를
コヤンイルㇽ

この歌が
이 노래를
イ　ノレルㇽ

-을ウㇽがつく名詞

登山が
등산을
トゥンサヌㇽ

海苔巻きが
김밥을
キㇺパブㇽ

カラオケが
노래방을
ノレバンウㇽ

ゲームが
게임을
ケイムㇽ

ショッピングが
쇼핑을
ショピンウㇽ

旅行が
여행을
ヨヘンウㇽ

〜してもいいですか?

＋ 돼요《ドェヨ》?

何かしたいことがある時に使ってみましょう。

動詞＋ても ＋いいですか？＝動詞 ＋아도《アド》/어도《オド》＋돼요《ドェヨ》?

手つないでもいいですか?

손《ソン》 잡아도《チャバド》 돼요《ドェヨ》?

食べてもいいですか?

먹어도《モゴド》 돼요《ドェヨ》?

ポイント解説

「つなぐ」を「つないでも」、「食べる」を「食べても」のように、動詞を「〜ても」の形にします。韓国語の場合、陽母音語幹（p.48参照）の動詞の後ろに-아도アド、陰母音語幹（p.48参照）の後ろに-어도オドをつけると、「〜ても」の形になります。

↓陽母音 **잡**아도《チャバド》　　↓陰母音 **먹**어도《モゴド》

パッチムがない語幹（母音語幹）は母音の縮約（p.48参照）が起きます。

入っても **들어가**《トゥロガ》＋아도《アド》→**들어가**도《トゥロガド》

さしかえ単語

座っても
앉아도《アンジャド》

一緒に行っても
같이《カチ》 가도《カド》

ドア閉めても
문《ムン》 닫아도《タダド》

開けてみても
열어《ヨロ》 봐도《ボァド》

荷物置いても
짐《チム》 놓아도《ノアド》

入っても
들어가도《トゥロガド》

持っていっても（もらっても）
가져가도《カジョガド》

電話掛けても
전화《チョヌァ》 걸어도《コロド》

休んでも
쉬어도《スィオド》

写真撮っても
사진《サジン》 찍어도《ッチゴド》

捨てても
버려도《ポリョド》

触っても
만져도《マンジョド》

～ないでください

＋ 마세요《マセヨ》.

しないでほしいことがある時に使ってみましょう。

動詞＋ないで＋ください＝動詞＋지《チ》＋마세요《マセヨ》.

押さないでください。

밀지《ミルジ》 마세요《マセヨ》.

閉めないでください。

닫지《タッチ》 마세요《マセヨ》.

ポイント解説

語幹が陽母音／陰母音（p.48参照）、パッチムの有無に関係なく、語幹に-지 마세요《チ　マセヨ》をつけると禁止表現になります。
発音は、パッチムのない語幹やパッチムがㄴ[ン]、ㅁ［ム］、ㄹ［ル］、ㅇ［ン］の場合は、지[チ]が濁ってジと発音され、語幹のパッチムがㄱ[ク]、ㄷ［ッ］、ㅂ[プ]など詰まる音の場合は濁らずにチと発音されます。
＊パッチムの発音を[ル]や[ク]などとしていますが、本来は母音のない［l］［k］などです。

↓パッチムがㄹ　밀지《ミルジ》

↓パッチムがㄷ　닫지《タッチ》

さしかえ単語

笑わ

웃지《ウッチ》

泣か

울지《ウㇽジ》

食べ

먹지《モㇰチ》

写真撮ら

사진《サジン》 찍지《ッチㇰチ》

騒が

떠들지《ットドゥㇽジ》

入ら

들어가지《トゥロガジ》

どなら

소리치지《ソリチジ》

辞め

그만두지《クマンドゥジ》

踏ま

밟지《パㇷ゚チ》

見

보지《ポジ》

飲ま

마시지《マシジ》

立ち止まら

서지《ソジ》

知っ得!

「どちらへ?」があいさつになる時

1章で「こんにちは」のあいさつとして어디 가세요?オディ カセヨ(どこに行きますか?)を紹介しました。韓国へ行くと、あちこちで「어디 가세요?オディ カセヨ」「어디 가?オディ カ(どこ行くの?)」と言っているのを耳にするので、韓国の人たちは他人の行き先にずいぶん興味を持つのだなと最初は不思議に思ったものです。ソウルに留学していた学生も、最初は面倒くさいと思いつついちいち行き先を答えていたけれど、慣れてくると適当に答えてもいいとわかってきた、と話してくれたことがありました。なるほど、어디 가세요?オディ カセヨは単なるあいさつ言葉のようです。

もちろん、어디 가세요?オディ カセヨは、「どこに行きますか?」という本来の意味で使われることもあります。あいさつなのか、行き先を聞かれているのか、迷う場面もありそうです。よく聞いてみると、あいさつの場合と質問の場合ではイントネーションが違います。

あいさつの場合は、어디 가세요?オディ カセヨの가세요カセヨの部分が強調されます。その場合は、「아, 네~ア、ネ~(あぁ、はい)」くらいに返事をしておけばOKです。어디 가세요?オディ カセヨの어디オディの部分が強調されていたら、行き先をたずねているので、「학교에 가요.ハㇰキョエ カヨ(学校へ行きます)」など、ちゃんと答えましょう。

어디 **가세요**? オディ **カセヨ**
(あいさつ)
↓返事は
「아, 네~. ア、ネ~」

어디 가세요?**オディ** カセヨ
(質問)
↓返事は
「○○에 가요.へ カヨ」

3

場面別

親しくなる

親しくなる

誘う

今日、時間ありますか?

오늘《オヌル》 시간《シガン》 있어요《イッソヨ》?

入れ替え
「今」
지금チグム
「明日」
내일ネイル

夕方忙しいですか?

저녁에《チョニョゲ》 바빠요《パッパヨ》?

＊**저녁에**チョニョゲは直訳すると「夕方に」。時間を表す名詞には「**에**エ(に)」がつくが、**오늘**オヌル(今日)、**내일**ネイル(明日)、**어제**オジェ(昨日)には「**에**エ」がつかない。

一緒に夕飯、どうですか?

같이《カチ》 저녁《チョニョク》 식사《シクサ》 어때요《オッテヨ》?

＊**저녁**チョニョク(夕方)＋**식사**シクサ(食事)で「夕飯」だが、**저녁**チョニョク(夕方)だけで「夕飯」を表すこともある。

一緒に行きませんか?

같이《カチ》 안《アン》 갈래요《ガルレヨ》?

一度遊びに来てください。

한번《ハンボン》 놀러《ノルロ》 오세요《オセヨ》.

入れ替え
「今度」
다음에タウメ
「週末に」
주말에チュマレ

必ず来てくださいね。

꼭《ッコク》 와《ワ》 주세요《ジュセヨ》.

ありがとう、 ぜひ。

좋아요《チョアヨ》, 같이《カチ》 가요《カヨ》.

直訳
「いいです、一緒に行きましょう」

今日はちょっと…。

오늘은《オヌルン》 좀《チョム》….

ごめんなさい、 用事があるので。

미안해요《ミアネヨ》, 약속이《ヤクソギ》 있어서《イッソソ》.

漢字語
약속ヤクソク (約束)

誘ってくれてありがとう。

같이《カチ》 가자고《カジャゴ》 해《ヘ》 줘서《ジュォソ》 고마워요《コマウォヨ》.

直訳
「一緒に行こうと言ってくれてありがとう」

ため口 今日、 ビール1杯どう?

오늘《オヌル》 맥주《メクチュ》 한잔할래《ハンジャナルレ》?

直訳
한잔할래ハンジャナルレ「1杯しようか」

ため口 いいね、 何時にする?

좋지《チョチ》, 몇《ミョッ》 시에《シエ》 볼까《ポルカ》?

入れ替え
「どこで」
어디서オディソ

ため口 あとで電話するよ。

이따《イッタ》 전화할게《チョヌァハルケ》.

入れ替え
「連絡するよ」
연락할게ヨルラカルケ
「携帯メールするよ」
문자할게ムンチャハルケ

親しくなる

褒める

とても上手です。

정말 잘해요.

チョンマル　チャレヨ

*잘チャル（よく）+해요ヘヨ（する）で、「上手だ」の意味。

ずいぶん実力がつきましたね。

실력이 많이 늘었네요.

シルリョギ　マニ　ヌロンネヨ

漢字語
실력シルリョク（実力）

すごいです。

대단해요.

テダネヨ

とても頑張りましたね。

노력 많이 했네요.

ノリョク　マニ　ヘンネヨ

漢字語
노력ノリョク（努力）

腕前がすばらしいです。

솜씨가 좋네요.

ソムシガ　チョンネヨ

よくご存じですね。

잘 아시네요.

チャル　アシネヨ

なんでもできるんですね。

못하는《モタヌン》 게《ケ》 없네요《オㇺネヨ》.

⇔直訳
「できないことがないですね」

いいえ、 まだまだです。

아직《アジㇰ》 멀었어요《モロッソヨ》.

⇔直訳
「まだ遠かったです」

お褒めいただき、ありがとうございます。

칭찬해《チンチャネ》 주셔서《ジュショソ》 감사해요《カㇺサヘヨ》.

漢字語
칭찬チンチャン（称賛）

恐縮です。

과찬이세요《クァチャニセヨ》.

漢字語
과찬クァチャン（過讃）。褒めすぎの意。

ため口 本当にかわいいね。

진짜《チンチャ》 예쁘다《イェップダ》.

ため口 お世辞でも気分がいいよ。

말만《マルマン》 들어도《トゥロド》 기분이《キブニ》 좋네《チョンネ》.

漢字語
기분キブン（気分）

⇔直訳
「言葉だけ聞いても気分がいいよ」

ため口 ありがとう、 よく言われる。

고마워《コマウォ》, 자주《チャジュ》 들어《トゥロ》.

⇔直訳
「ありがとう、たびたび聞く」

親しくなる

励ます

頑張ってください。

열심히《ヨルシミ》 하세요《ハセヨ》.

漢字語
열심ヨルシム (熱心)

元気出してください。

힘내세요《ヒムネセヨ》.

自信を持ってください。

자신을《チャシヌル》 가져요《カジョヨ》.

漢字語
자신チャシン (自信)

あきらめないでください。

포기하지《ポギハジ》 마세요《マセヨ》.

漢字語
포기ポギ(抛棄)。放棄の意。

勇気を出してください。

용기를《ヨンギルル》 내요《ネヨ》.

漢字語
용기ヨンギ (勇気)

もう**失う**ものはないんだから。

이제《イジェ》 잃을《イルル》 게《ケ》 없으니까《オプスニッカ》.

怖いものはありませんよ。

무서울《ムソウル》 **것도**《コット》 **없어요**《オプソヨ》.

うまくいきますよ。

잘될《チャルドエル》 **거예요**《コエヨ》.

気をしっかり持って。

마음을《マウムル》 **단단히**《タンダニ》 **가져요**《カジョヨ》.

＊**마음**《マウム》は「心」の意味だが、「気持ち」「気」「考え」などの意味でも使われる。

ため口 しっかりして。

정신《チョンシン》 **차려**《チャリョ》.

漢字語
정신《チョンシン》（精神）

直訳
「精神（を）正せ」

ため口 元気出せ!

힘내《ヒムネ》!

ため口 ピンチは**チャンス**だよ。

위기는《ウィギヌン》 **기회야**《キフェヤ》.

漢字語
위기《ウィギ》（危機）
기회《キフェ》（機会）

ため口 **君なら**できるさ。

너라면《ノラミョン》 **할**《ハル》 **수**《ス》 **있어**《イッソ》.

親しくなる

いたわる・なぐさめる

大変でしたね。

많이《マニ》 힘들었지요《ヒムドゥロッチヨ》.

そんなこともありますよ。

그럴《クロㇽ》 수도《スド》 있어요《イッソヨ》.

気にしないでください。

신경《シンギョン》 쓰지《ッスジ》 마요《マヨ》.

漢字語
신경シンギョン（神経）

直訳
「神経使わないでください」

心配しないでください。

걱정하지《コㇰチョンハジ》 마요《マヨ》.

自分を責めないでください。

자책하지《チャチェカジ》 마요《マヨ》.

漢字語
자책チャチェㇰ（自責）

無理しないでください。

무리하지《ムリハジ》 마요《マヨ》.

漢字語
무리ムリ（無理）

またやればいいじゃないですか。

다시《タシ》 하면《ハミョン》 되잖아요《トェジャナヨ》.

時間が解決しますよ。

시간이《シガニ》 해결해《ヘギョレ》 줘요《ジュォヨ》.

漢字語
시간シガン (時間)
해결ヘギョㇽ (解決)

運がなかったんですよ。

운이《ウニ》 없었던《オㇷ゚ソッㇳン》 거예요《コエヨ》.

漢字語
운ウン (運)

最善を尽くしたんですから。

최선을《チェソヌㇽ》 다했으니까요《タヘッスニッカヨ》.

漢字語
최선チェソン (最善)

ため口 大丈夫、 私もそうだったよ。

괜찮아《クェンチャナ》, 나도《ナド》 그랬어《クレッソ》.

＊**괜찮아**クェンチャナは日本語の「大丈夫」と同じように、「承諾」「拒絶」「安否」「慰労」などいろいろな意味で使われる。

ため口 君のせいじゃないよ。

니《ニ》 탓이《タシ》 아냐《アニャ》.

ため口 明日考えよう。

내일《ネイㇽ》 생각하자《センガカジャ》.

入れ替え
「今度」
다음에タウメ
「後で」
나중에ナジュンエ

親しくなる

返事・聞き返す

はい。

예《イェ》. / 네《ネ》.

*예イェがより丁寧。

いいえ。

아니에요《アニエヨ》. / 아뇨《アニョ》.

*아니에요アニエヨがより丁寧。

わかりました。

알겠습니다《アルゲッスㇺニダ》.

違いますが。

아닌데요《アニンデヨ》.

あのぅ。

저기요《チョギヨ》.

*近くにいる店員や通行人に声をかける時は저기요!チョギヨと言う。近くに人がいない時は、여기요!ヨギヨ（ここですの意味）と言う。

どなたかいらっしゃいませんか?

누구《ヌグ》 안《アン》 계세요《ケセヨ》?

なんですか?

뭐《ムォ》예요?《エヨ》

はい?

네?《ネ》

なんですって?

뭐라고요?《ムォラゴヨ》

＊聞き取れなかった時や、相手が言ったことに驚いた時に使う。

聞き取れませんでした。

못《モ》 알아들었어요.《ダラドゥロッソヨ》

もう一度お願いします。

다시《タシ》 말해《マレ》 주세요.《ジュセヨ》

入れ替え
「ゆっくり」
천천히チョンチョニ

ため口 うん。 ／あぁ。

응.《ウン》 / 어.《オ》

＊「うん?」と問い返す時は、後ろに「?」をつけて語尾を上げる。

ため口 いや。 ／ううん。

아니.《アニ》 / 아냐.《アニャ》

＊「違う?」「そうじゃないの?」と問い返す時は、後ろに「?」をつけて語尾を上げる。

親しくなる

自己紹介(出身・所属)

私は○○と言います。

저는《チョヌン》 ○○라고《○○ラゴ》 합니다《ハムニダ》.

日本人です。

일본《イルボン》 사람입니다《サラミムニダ》.

入れ替え
「韓国」
한국ハングク
「アメリカ」
미국ミグク

在日韓国人です。

재일교포입니다《チェイルギョポイムニダ》.

漢字語
재일교포チェイルギョポ（在日僑胞）

日本から来ました。

일본에서《イルボネソ》 왔어요《ワッソヨ》.

入れ替え
「東京から」
도쿄에서トキョエソ
「大阪から」
오사카에서オサカエソ

いつらっしゃいましたか?

언제《オンジェ》 오셨어요《オショッソヨ》?

昨日来ました。

어제《オジェ》 왔어요《ワッソヨ》.

入れ替え
「一昨日」
그제クジェ
「さっき」
방금パングム

お仕事はなんですか?

직업이《チゴビ》 뭐예요?《ムォエヨ》

✎漢字語
직업チゴㇷ゚（職業）

学生です。

학생입니다.《ハㇰセンイㇺニダ》

入れ替え
「主婦」
주부チュブ
「エンジニア」
엔지니어エンジニオ

会社員です。

회사원입니다.《フェサウォニㇺニダ》

✎漢字語
회사원フェサウォン（会社員）

無職です。

무직입니다.《ムジギㇺニダ》

✎漢字語
무직ムジㇰ（無職）

友達に会いに来ました。

친구를《チングルㇽ》 만나러《マンナロ》 왔어요.《ワッソヨ》

韓国語を学びに来ました。

한국어를《ハングゴルㇽ》 배우러《ペウロ》 왔어요.《ワッソヨ》

入れ替え
「料理」
요리ヨリ
「ダンス」
댄스テンス

ライブを見に来ました。

라이브《ライブ》 보러《ポロ》 왔어요.《ワッソヨ》

親しくなる

自己紹介(趣味・特技)

私の趣味は読書です。

제 취미는 독서입니다.

チェ チュィミヌン トㇰソイㇺニダ

私の趣味は音楽を聞くことです。

제 취미는 음악 듣기입니다.

チェ チュィミヌン ウマㇰ トゥッキイㇺニダ

入れ替え

「ジャズ」
재즈チェジュ

「クラシック」
클래식クㇽレシㇰ

K-POPが好きです。

케이팝을 좋아해요.

ケイパブㇽ チョアヘヨ

＊K-POPは**케이팝**ケイパㇷ゚。

韓国映画が好きです。

한국 영화를 좋아해요.

ハングン ニョンファルㇽ チョアヘヨ

趣味・特技

「ゲーム」 게임ケイㇺ
「ジョギング」 조깅チョギン
「釣り」 낚시ナㇰシ
「ゴルフ」 골프コㇽプ
「占い」 점チョㇺ
「料理」 요리ヨリ
「文章を書くこと」 글쓰기クㇽスギ
「外国語」 외국어ウェグゴ
「登山」 등산トゥンサン
「テニス」 테니스テニス
「バスケットボール」 농구ノング
「ダンス」 댄스テンス
「パン作り」 빵굽기ッパングㇷ゚キ
「マンガを描くこと」 만화 그리기マヌァ クリギ

特技は楽器の演奏です。

특기는《トゥクキヌン》 악기《アクキ》 연주입니다.《ヨンジュイムニダ》

漢字語
특기トゥクキ (特技)
악기アクキ (楽器)
연주ヨンジュ (演奏)

私は英語が得意です。

저는《チョヌン》 영어를《ヨンオルル》 잘합니다.《チャラムニダ》

入れ替え
「フランス語」
프랑스어プランスオ
「中国語」
중국어チュングゴ

歌が得意です。

노래를《ノレルル》 잘《チャル》 부릅니다.《プルムニダ》

ギターが弾けます。

기타를《キタルル》 칠《チル》 수《ス》 있습니다.《イッスムニダ》

入れ替え
「ピアノが」
피아노를ピアノルル
「バイオリンが」
바이올린을パイオルリヌル

手相を見ることができます。

손금을《ソンクムル》 볼《ポル》 수《ス》 있습니다.《イッスムニダ》

趣味はなんですか?

취미가《チュィミガ》 뭐예요?《ムォエヨ》

漢字語
취미チュィミ (趣味)

どんな音楽を聞きますか?

어떤《オットン》 음악을《ウマグル》 잘《チャル》 들어요?《トゥロヨ》

親しくなる

年齢を聞く

何歳ですか?

몇 살《ミョッ》 살이에요《サリエヨ》?

＊몇 살《ミョッ サル》の몇《ミョッ》は「何」を表し、「歳」「年」「個」「枚」「階」などにつく疑問詞。

おいくつでいらっしゃいますか?

연세가《ヨンセガ》 어떻게《オットケ》 되세요《トェセヨ》?

⇔直訳

「お年はどのようになっていらっしゃいますか」。目上の人に聞く時の尊敬語。

30 歳です。

서른《ソルン》 살이에요《サリエヨ》.

＊年齢には固有数字（P.76参照）を使う。30は서른《ソルン》。

何年生まれですか?

몇《ミョン》 년생이에요《ニョンセンイエヨ》?

1990 年生まれです。

천구백구십《チョングベㇰクシㇺ》 년생이에요《ニョンセンイエヨ》.

＊年月日の年には漢数字（P.74参照）を使う。

年齢と言葉遣い

韓国語は言葉遣いのきまりが厳しく、特に年齢の上下によって言葉遣いが変わるため、相手の年齢がより気になるようです。

誕生日はいつですか?

생일이 언제예요?

センイイリ　オンジェエヨ

漢字語
생일センイル（生日）

7月5日です。

칠월 오일이에요.

チルォル　オイリエヨ

＊月日には漢数字（p.74参照）を使う。

何《なに》年《どし》ですか?

무슨 띠예요?

ムスン　ッティエヨ

うし年です。

소띠예요.

ソッティエヨ

20代です。

이십 대예요.

イシㇷ゚　テエヨ

入れ替え
「30代」
삼십 대サムシㇷ゚　テ
「40代」
사십 대サシㇷ゚　テ
「50代」**오십 대**オシㇷ゚　テ

干支の韓国語

「ねずみ年」쥐띠チュィティ
「うし年」소띠ソッティ
「とら年」호랑이띠ホランイッティ
「うさぎ年」토끼띠トッキッティ
「たつ年」용띠ヨンティ
「へび年」뱀띠ペムティ
「うま年」말띠マルティ
「ひつじ年」양띠ヤンティ
「さる年」원숭이띠ウォンスンイッティ
「とり年」닭띠タクティ
「いぬ年」개띠ケッティ
「いのしし年」돼지띠トェジッティ
（돼지トェジは豚のことです）

親しくなる

家族構成を言う

何人家族ですか?

가족이《カジョギ》 어떻게《オットケ》 되세요《トェセヨ》?

漢字語
가족カジョク (家族)

直訳
「家族がどのようになっていらっしゃいますか?」

うちは 4 人家族です。

우리《ウリ》 가족은《カジョグン》 네《ネ》 식구예요《シククエヨ》.

入れ替え
「3 (人)」
세セ
「5 (人)」
다섯タソッ

何人兄弟ですか?

형제가《ヒョンジェガ》 어떻게《オットケ》 되세요《トェセヨ》?

漢字語
형제ヒョンジェ (兄弟)

直訳
「兄弟がどのようになっていらっしゃいますか?」

妹がいます。

여동생이《ヨドンセンイ》 있어요《イッソヨ》.

入れ替え
「弟が」
남동생이ナムドンセンイ
＊P.115の解説も参照。

兄は私より3つ上です。

오빠는《オッパヌン》 저보다《チョボダ》 세《セ》 살《サル》 많아요《マナヨ》.

入れ替え
「2つ」
두 살トゥ サル
「4つ」
네 살ネ サル

私は一人っ子（一人娘）です。

저는《チョヌン》 외동딸이에요《ウェドンタリエヨ》.

＊一人娘は외동딸ウェドンタル、一人息子は외아들ウェアドゥル。

結婚していますか?

결혼하셨어요?

キョロナショッソヨ

漢字語
결혼キョロン（結婚）

直訳
「結婚されましたか?」。韓国語では過去形で現在の状態を表すことがある。

私は独身です。

저는 독신이에요.

チョヌン　トクシニエヨ

漢字語
독신トクシン（独身）

夫と息子がいます。

남편과 아들이 있습니다.

ナムピョングァ　アドゥリ　イッスムニダ

入れ替え
「両親」
부모님プモニム
「夫の両親」
시부모님シブモニム

そして愛犬がいます。

그리고 반려견이 있어요.

クリゴ　パルリョギョニ　イッソヨ

漢字語
반려견パルリョギョン（伴侶犬）。ペットは、**반려 동물**パルリョトンムル（伴侶動物）と言う。

これは家族写真です。

이게 가족 사진이에요.

イゲ　カジョク　サジニエヨ

入れ替え
「恋人（の）」
애인エイン
「子どもたち（の）」
아이들アイドゥル

家族を表す言葉

「夫」남편ナムピョン	「妻」아내アネ
「弟」남동생ナムドンセン	「妹」여동생ヨドンセン
「祖父」할아버지ハラボジ	「祖母」할머니ハルモニ
「息子」아들アドゥル	「娘」딸ッタル
○妹が呼ぶ時	○弟が呼ぶ時
「兄」오빠オッパ	「兄」형ヒョン
「姉」언니オンニ	「姉」누나ヌナ

親しくなる

年中行事①

明けましておめでとうございます。

새해《セヘ》 복《ポク》 많이《マニ》 받으세요《パドゥセヨ》.

⇔直訳
「新年の福をたくさん受け取ってください」。年末の「よいお年を」の意味でも使われる。

ハッピーニューイヤー!

해피《ヘピ》 뉴《ニュ》 이어《イオ》!

新年はより一層**お元気で**。

새해에《セヘエ》 더욱《トウク》 건강하세요《コンガンハセヨ》.

⇔直訳
건강하세요コンガンハセヨ「健康でいらしてください」

よい**1年**になるようお祈りします。

멋진《モッチン》 한《ハ》 해《ネ》 되시길《トェシギル》 빕니다《ピムニダ》.

＊**한 해**ハ ネは漢字を使わない固有数字の「1年」。漢数字の「一年」**일 년**イル リョンも使う(P.76参照)。

新年のごあいさつをしましょう。

세배《セベ》 받으세요《パドゥセヨ》.

⇔直訳
「新年のごあいさつをお受けください」
＊**세배**セベを受けたら、相手にお年玉をあげます。

帰省の道中、運転お気をつけください。

귀성길《クィソンキル》 안전《アンジョン》 운전하세요《ウンジョナセヨ》.

漢字語
안전アンジョン(安全)
운전ウンジョン(運転)

⇔直訳
「帰省の道、安全運転しなさい」

楽しい秋夕《チュソク》になりますように。

즐거운 추석 되세요.

チュㇽゴウン　チュソㇰ　トェセヨ

豊かな秋夕をお過ごしください。

풍성한 한가위 보내세요.

プンソンハン　ハンガウィ　ポネセヨ

＊「秋夕」**추석**チュソㇰは**한가위**ハンガウィともいう。

秋夕の連休を楽しくお過ごしください。

추석 연휴 잘 보내세요.

チュソㇰ　ヨニュ　チャㇽ　ポネセヨ

＊**추석 연휴**チュソㇰ　ヨニュは一息に読むとチュソンニョニュと聞こえる。

ため口 新年おめでとう。

새해 복 많이 받게.

セヘ　ポㇰ　マニ　パッケ

ため口 今年の主人公は君だ!

올해의 주인공은 너야 너!

オレエ　チュインゴンウン　ノヤ　ノ

正月とお盆

韓国では「正月」が1年に2回あります。1つ目は1月1日で「신정シンジョン(新正)」といいます。2つ目は陰暦の1月1日で「구정クジョン(旧正)」といいます。親戚が集まってごちそうを囲むのは구정クジョンで、正月をはさみ連休になります。韓国のお盆は추석チュソㇰ(秋夕)といいます。旧暦の8月15日で、その前後合わせて連休になります。秋の収穫に感謝し、親戚が集まって先祖供養をします。また、日本のお中元と同じように、お世話になっている人たちに贈り物をするので、秋夕前のデパートは大変にぎわいます。

親しくなる

年中行事②

メリークリスマス！

메리《メリ》 크리스마스《クリスマス》!

楽しい聖誕節をお過ごしください。

즐거운《チュルゴウン》 성탄절을《ソンタンジョルル》 보내세요《ポネセヨ》.

漢字語
성탄절ソンタンジョル（聖誕節）。クリスマスのこと。

クリスマス、おめでとうございます。

성탄절《ソンタンジョル》 축하합니다《チュカハムニダ》.

漢字語
축하チュカ（祝賀）
＊**축하합니다**チュカハムニダは直訳すると「祝賀します」で「おめでとうございます」の意味。

喜びに満ちた1日となりますように。

기쁨《キップム》 넘치는《ノムチヌン》 날《ナル》 되세요《トェセヨ》.

＊クリスマスに限らず、手紙やメールの末尾に添えて書くこともできる。

1年無事に過ごせて感謝します。

일《イル》 년《リョン》 잘《チャル》 보내게《ポネゲ》 해《ヘ》 주셔서《ジュショソ》 감사합니다《カムサハムニダ》.

よいお年を。

좋은《チョウン》 연말《ヨンマル》 보내세요《ポネセヨ》.

⇔直訳
「よい年末をお過ごしください」。**연말**ヨンマルが「年末」のことなので、年末にしか使えない。

ハッピーバレンタインデー！

해피 발렌타인 데이!

ヘピ　パルレンタイン　デイ

チョコレートをどうぞ。

초콜릿 받으세요.

チョコルリッ　パドゥセヨ

入れ替え
「プレゼント」
선물ソンムル
「花束」
꽃다발ッコタバル

私の気持ちがこもったチョコレートです。

제 마음을 담은 초콜릿입니다.

チェ　マウムル　タムン　チョコルリシムニダ

ため口 私が準備したチョコレートよ。

내가 준비한 초콜릿이야.

ネガ　チュンビハン　チョコルリシヤ

漢字語
준비チュンビ（準備）

ため口 義理であげるよ。

의리로 주는 거야.

ウィリロ　チュヌン　ゴヤ

漢字語
의리ウィリ（義理）。韓国でも職場で「義理チョコ」がある。

ため口 チョコレートあげる人いない。

초콜릿 줄 사람이 없어.

チョコルリッ　チュル　サラミ　オプソ

バレンタインデー

韓国でもバレンタインデーは大きな行事です。チョコレートを手作りするより、プレゼントが入った大きなカゴに派手なラッピングというスタイルが多いです。

親しくなる

いい・悪い

いいです。

좋아요.

チョアヨ

＊goodの意味で、フェイスブックの「いいね!」などにも使う。

もちろんです。

물론이죠.

ムルロニジョ

漢字語
물론ムルロン（勿論）

なかなかいいですよ。

좀 괜찮은데요.

チョム クェンチャヌンデヨ

よかったですね。

잘됐네요.

チャルドェンネヨ

私の好みです。

내 취향에 맞아요.

ネ　チュィヒャンエ　マジャヨ

漢字語
취향チュィヒャン（趣向）

こちらの方がいいです。

이쪽이 더 좋아요.

イッチョギ　ト　チョアヨ

入れ替え
「あちらの方」
저쪽이チョッチョギ
「そちらの方」
그쪽이クッチョギ

気に入らないんですが。

마음에《マウメ》 **안**《アン》 **드는데요.**《トゥヌンデヨ》

嫌ですけど。

싫은데요.《シルンデヨ》

嫌です。

싫어요.《シロヨ》

結構です。

됐어요.《トェッソヨ》

よくも悪くもありません。

좋지도《チョチド》 **나쁘지도**《ナップジド》 **않은데요.**《アヌンデヨ》

ため口 OK。

콜.《コル》

＊ポーカーゲームで使う英語のcallが由来の俗語で、「OK、そうしよう」の意味でよく使われる。p.98のお誘いフレーズの返事に使うこともできる（友達同士に限る）。

ため口 めっちゃ好み！

딱《ッダン》 **내**《ネ》 **스타일이야!**《スタイリヤ》

＊**스타일**《スタイル》は日本語の「スタイル」と意味が違い、「好みのタイプ」を意味する。

親しくなる

うれしい・悲しい

うれしいです。

기뻐요《キッポヨ》.

とても幸せです。

너무《ノム》 행복해요《ヘンボケヨ》.

入れ替え
「大変」
아주《アジュ》
「本当に」
정말《チョンマル》

うれしそうに見えますね。

기분이《キブニ》 좋아《チョア》 보이는데요《ボイヌンデヨ》.

漢字語
기분《キブン》（気分）

直訳
「気分がよさそうに見えますね」

いい知らせがありました。

좋은《チョウン》 소식이《ソシギ》 있었어요《イッソッソヨ》.

漢字語
소식《ソシク》（消息）

夢みたいです。

꿈만《ックムマン》 같아요《カタヨ》.

本当にいい気分でした。

정말《チョンマル》 기분이《キブニ》 좋았어요《チョアッソヨ》.

気分がよくないです。

기분이 안 좋아요.

キブニ　アン　チョアヨ

よくないことがありましたか?

안 좋은 일이 있었어요?

アン　チョウン　イリ　イッソッソヨ

入れ替え
「悲しい」
슬픈スㇽプン
「嫌な」
속상한ソㇰサンハン

残念です。

유감입니다.

ユガミㇺニダ

漢字語
유감ユガㇺ（遺憾）

あんまり悔しくて腹が立ちます。

너무 억울해서 화가 나요.

ノム　オグレソ　ファガ　ナヨ

悲しくて泣きました。

슬퍼서 울었어요.

スㇽポソ　ウロッソヨ

入れ替え
「耐えられない」
못 견디겠어
モッ　キョンディゲッソ

ため口 なんで元気ないの?

왜 힘이 없어?

ウェ　ヒミ　オㇷ゚ソ

ため口 機嫌直して。

기분 풀어.

キブン　プロ

親しくなる

楽しい・退屈

おもしろいです。

재미있어요.

チェミイッソヨ

おもしろかったです。

재미있게 봤어요.

チェミイッケ　ポァッソヨ

⇔直訳
「おもしろく見ました」。DVDや本など見るものについて使う。

今日は楽しかったです。

오늘은 즐거웠어요.

オヌルン　チュルゴウォッソヨ

＊**즐거웠어요**チュルゴウォッソヨの**즐겁다**チュルゴプタは、興味深くおもしろい場合の「楽しい」。

とても楽しかったです。

신나게 놀았어요.

シンナゲ　ノラッソヨ

⇔直訳
「楽しく遊びました」。休みを楽しく過ごした時に使う。**신나게**シンナゲの**신나다**シンナダは、テンションが上がってわくわくする場合の「楽しい」。

とても楽しみです。

많이 기대되네요.

マニ　キデドェネヨ

漢字語
기대キデ（期待）

⇔直訳
「とても期待されます」

お腹を抱えて笑いました。

배꼽 잡고 웃었어요.

ペッコプ　チャプコ　ウソッソヨ

⇔直訳
「おへそつかんで笑いました」。**배꼽**ペッコプは「おへそ」の意味。

つまらないです。

재미없어요.《チェミオプソヨ》

＊**재미**チェミ（おもしろ味）＋**없어요**オプソヨ（ありません）で、「つまらない」の意味。

やることがなくて退屈です。

할《ハル》 **일이**《イリ》 **없어서**《オプソソ》 **심심해요.**《シムシメヨ》

話が長くてうんざりです。

이야기가《イヤギガ》 **길어서**《キロソ》 **지루해요.**《チルヘヨ》

がっかりです。

실망했어요.《シルマンヘッソヨ》

⇔直訳「失望しました」

ため口 わくわくする。

신난다.《シンナンダ》

ため口 時間があっという間だね。

시간이《シガニ》 **금방**《クムバン》 **가네.**《カネ》

ため口 退屈で死ぬかと思った。

심심해서《シムシメソ》 **죽는**《チュンヌン》 **줄**《ジュル》 **알았어.**《アラッソ》

親しくなる

大丈夫・大変

大丈夫です。

괜찮아요《クェンチャナヨ》.

どうしましたか?

무슨《ムスン》 일이《イリ》 있어요《イッソヨ》?

⇔直訳
「なんのことがありますか?」

なんでもありません。

아무것도《アムゴット》 아니에요《アニエヨ》.

入れ替え
「たいしたことじゃ」
별일이ピョルリリ

平気です。

아무렇지도《アムロチド》 않아요《アナヨ》.

1人でできます。

혼자《ホンジャ》 할《ハル》 수《ス》 있어요《イッソヨ》.

どうにかやってみます。

어떻게든《オットケドゥン》 해《ヘ》 볼게요《ボルケヨ》.

入れ替え
「私がうまく」
제가 알아서チェガ　アラソ

大変です。

큰일《クニル》 났어요《ナッソヨ》.

しんどいです。

힘들어요《ヒムドゥロヨ》.

困ったことになりました。

곤란하게《コルラナゲ》 됐어요《トェッソヨ》.

漢字語
곤란コルラン (混乱)

どうしましょう。

어떻게《オットケ》 해요《ヘヨ》.

*短くして어떡해요.オットケヨともいう。

ため口 たいしたことないよ。

별《ピョル》 거《ゴ》 아냐《アニャ》.

ため口 困ったな。

큰일이네《クニリネ》.

*곤란コルラン(混乱)を使って、곤란하네.コルラナネともいう。

ため口 どうしよう?

어떡하지《オットカジ》?

知っ得!

「いただきます」、日韓の微妙な違い

食事の前のあいさつ「いただきます」を、韓国語でなんというのかと聞かれれば、잘 먹겠습니다チャㇽ　モㇰケッスㇺニダだと答えます。でも実際の使い方は、日韓で少し違います。

例えば、日本だと食事をする人全員で「いただきます」と言いますが、韓国だと、料理を作った人や外食ならお金を払う人は、많이 드세요マニ トゥセヨ(たくさん召し上がれ)、많이 먹어マニ モゴ(たくさん食べて)と言います。

日本語の「いただきます」は、料理を作ってくれた人への感謝とともに、食材に対して「命をありがたくいただきます」という意味が込められています。だから料理を作った人も含めてみんなで「いただきます」とあいさつをします。定型のあいさつフレーズなので、相手が年上でも年下でも「いただきます」と言います。

一方、韓国語の잘 먹겠습니다チャㇽ モㇰケッスㇺニダは、直訳すると「よく(おいしく)食べます」で、基本的に料理を作ってくれた人やおごってくれる人に対して言います。定型のあいさつフレーズではないので、相手や場面によって表現の仕方も変わります。知人宅に招かれたらかしこまって잘 먹겠습니다チャㇽ　モㇰケッスㇺニダ、それほどかしこまらない場面なら맛있게 먹을게요マシッケ モグㇽケヨ(おいしく食べますね)、親しい間柄なら자, 먹자チャ モㇰチャ(さあ、食べよう)というように、いろいろです。

そして日本では、両手を合わせてお祈りをするようなポーズをしますが、韓国では잘 먹겠습니다チャㇽ モㇰケッスㇺニダと言う時に手を合わせることはありません。

4

場面別

移動する・泊まる

機内

すみません、私の座席なんですが。

실례지만《シルレジマン》, 여기는《ヨギヌン》 제《チェ》 자리인데요《チャリインデヨ》.

すみません、ここ通らせてください。

실례지만《シルレジマン》, 여기《ヨギ》 좀《チョム》 지나갈게요《チナガルケヨ》.

荷物が棚に入りません。

짐이《チミ》 선반에《ソンバネ》 안《アン》 들어가요《ドゥロガヨ》.

入れ替え
「かばんが」
가방이《カバンイ》
「スーツケースが」
여행《ヨヘン》 가방이《カバンイ》

ワインをいただけますか?

와인을《ワイヌル》 주시겠습니까《チュシゲッスムニッカ》?

入れ替え
「水を」
물을《ムルル》
「コーヒーを」
커피를《コピルル》

免税品を買いたいのですが。

면세품을《ミョンセプムル》 사고《サゴ》 싶은데요《シプンデヨ》.

漢字語
면세품《ミョンセプム》 (免税品)

日本円で払ってもいいですか?

일본《イルボン》 돈으로《トヌロ》 지불해도《チブレド》 돼요《トェヨ》?

漢字語
지불《チブル》 (支払)

座席を後ろに倒してもいいですか?

좌석을《チャソグㇽ》 뒤로《トゥィロ》 젖혀도《チョチョド》 되겠습니까?《トェゲッスㇺニッカ》

座席を前に戻してもらえますか?

좌석을《チャソグㇽ》 앞으로《アプロ》 당겨《タンギョ》 주시겠어요?《ジュシゲッソヨ》

窓側の席に替えてもらえますか?

창측《チャンチュㇰ》 자리로《チャリロ》 바꿔《パックォ》 주시겠어요?《ジュシゲッソヨ》

漢字語
창측チャンチュㇰ (窓側)

入れ替え
「通路側」
통로측トンノチュㇰ

乗り物酔いの薬をいただけますか?

멀미약《モㇽミヤㇰ》 좀《チョㇺ》 주시겠어요?《チュシゲッソヨ》

韓国の新聞はありますか?

한국《ハングㇰ》 신문은《シンムヌン》 있어요?《イッソヨ》

入れ替え
「日本」
일본イㇽボン
「英語」
영어ヨンオ

毛布を持ってきてもらえますか?

담요《タㇺニョ》 좀《チョㇺ》 가져다《カジョダ》 주시겠어요?《ジュシゲッソヨ》

シートベルトを外していいですか?

안전벨트를《アンジョンベㇽトゥルㇽ》 풀어도《プロド》 돼요?《トェヨ》

漢字語
안전アンジョン (安全)

移動する・泊まる

空港

訪問目的は**観光**です。

방문 목적은 관광입니다 .

パンムン モㇰチョグン クァングァンイㇺニダ

入れ替え
「ビジネス」
비즈니스ピジュニス
「語学研修」
어학연수オハンニョンス

4日間滞在する予定です。

사 일간 머무를 예정입니다.

サ イㇽガン モムルㇽ イェジョンイㇺニダ

入れ替え
「3日間」
삼 일간サ ミㇽガン
「1週間」
일 주일간イㇽ チュイㇽガン

申告するものはありません。

신고할 것이 없습니다.

シンゴハㇽ コシ オㇷ゚スㇺニダ

漢字語
신고シンゴ (申告)

私の**かばん**がまだ出てきません。

제 가방이 아직 안 나왔어요.

チェ カバンイ アジㇰ アン ナワッソヨ

紛失物の**窓口**はどこですか?

분실물 창구가 어디예요?

プンシㇽムㇽ チャングガ オディエヨ

かばんがちょっと壊れているんですが。

가방이 조금 손상되었는데요.

カバンイ チョグㇺ ソンサンドェオンヌンデヨ

漢字語
손상ソンサン (損傷)

荷物はいくつまで預けられますか?

짐은《チムン》 몇《ミョッ》 개까지《ケッカジ》 부칠《プチル》 수《ス》 있어요《イッソヨ》?

入れ替え
「何キロまで」
몇 킬로까지ミョッ キルロッカジ

この荷物を預けたいのですが。

이《イ》 짐을《チムル》 맡기고《マッキゴ》 싶은데요《シプンデヨ》.

この飲み物を持ち込んでもいいですか?

이《イ》 음료수를《ウムニョスルル》 가지고《カジゴ》 타도《タド》 돼요《トェヨ》?

入れ替え
「かばんを」
가방을カバンウル
「ノートパソコンを」
노트북을ノトゥブグル

重さ制限は何キロですか?

무게《ムゲ》 한도가《ハンドガ》 얼마입니까《オルマイムニッカ》?

直訳
「重さの限度がいくらですか?」

漢字語
한도ハンド (限度)

規定重量を超えているんですか?

규정《キュジョン》 무게를《ムゲルル》 초과했다고요《チョグァヘッタゴヨ》?

漢字語
초과チョグァ (超過)

超過分、いくら払えばいいですか?

초과하면《チョグァハミョン》 얼마를《オルマルル》 지불해야《チブレヤ》 돼요《ドェヨ》?

直訳
「超過すると、いくらを支払わなければなりませんか?」

搭乗口は何番ですか?

탑승구는《タプスングヌン》 몇《ミョッ》 번이에요《ポニエヨ》?

両替所

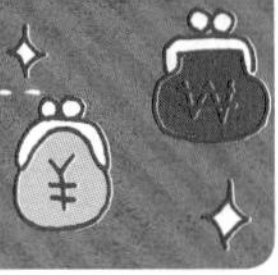

両替したいのですが。

환전하고 싶은데요.

ファンジョナゴ　シプンデヨ

漢字語
환전ファンジョン（換銭）

両替所はどこですか？

환전소가 어디예요?

ファンジョンソガ　オディエヨ

漢字語
환전소ファンジョンソ（換銭所）

この時間に両替できるところはあるでしょうか？

이 시간에 환전할 곳이 있을까요?

イ　シガネ　ファンジョナル　コシ　イッスルカヨ

現金はどのくらいいりますかね？

현금이 얼마나 필요할까요?

ヒョングミ　オルマナ　ピリョハルカヨ

漢字語
필요ピリョ（必要）

小銭も混ぜてください。

잔돈도 섞어 주세요.

チャンドンド　ソッコ　ジュセヨ

＊10ウォン、100ウォン、500ウォンの硬貨がある。（1ウォンと5ウォンは銀行取引以外では使われない）

5千ウォン札にしてください。

오천 원짜리 지폐로 바꿔 주세요.

オチョ　ヌォンチャリ　チペロ　パックォ　ジュセヨ

入れ替え
「千ウォン」
천 원チョ　ヌォン
「1万ウォン」
만 원マ　ヌォン

お得に両替する**方法**がありますか?

환전 싸게 하는 방법이 없을까요?

ファンジョン ッサゲ ハヌン パンボビ オプスルカヨ

直訳
「両替を安くする方法がないでしょうか?」

いい**私設両替所**がありますか?

좋은 사설 환전소가 있어요?

チョウン サソル ファンジョンソガ イッソヨ

漢字語
사설 환전소サソル ファンジョンソ (私設換銭所)

ここで**両替**できますか?

여기서 환전 됩니까?

ヨギソ ファンジョン トェムニッカ

レートはいくらですか?

환율이 어떻게 돼요?

ファニュリ オットケ トェヨ

漢字語
환율ファニュル (換率)

両替の**手数料**はいくらですか?

환전 수수료는 얼마예요?

ファンジョン ススリョヌン オルマエヨ

漢字語
수수료ススリョ (手数料)

ため口 **ウォン**がなくなっちゃったな。

원을 다 써버렸네.

ウォヌル タ ッソボリョンネ

直訳
「ウォンを全部使っちゃったね」

ため口 また両替しなくちゃ。

다시 환전해야겠어.

タシ ファンジョネヤゲッソ

移動する・泊まる

タクシー

タクシー乗り場はどこですか?

택시 타는 곳이 어디예요?

テクシ　タヌン　ゴシ　オディエヨ

＊韓国のタクシーは一般タクシーと模範タクシーがあり、模範タクシーは料金が７割増しほどになるが、安定したサービスと日本語が通じる運転手が多いというメリットがある。

タクシーを呼んでいただけますか?

택시를 불러 주시겠어요?

テクシルル　プルロ　ジュシゲッソヨ

入れ替え
「予約して」
예약해イェヤケ
「捕まえて」
잡아チャバ

時間はどのくらいかかりますか?

시간이 얼마나 걸립니까?

シガニ　オルマナ　コルリムニッカ

大型タクシーを予約したいのですが。

대형 택시를 예약하고 싶은데요.

テヒョン　テクシルル　イェヤカゴ　シプンデヨ

入れ替え
「障害者タクシー」
장애자 택시チャンエジャ テクシ
「外国人専用タクシー」
외국인 전용 택시ウェグギン チョニョン テクシ

何人乗れますか?

몇 명 탈 수 있어요?

ミョン　ミョン　タル　ス　イッソヨ

江南《カンナム》駅に行ってください。

강남역으로 데려다 주세요.

カンナムニョグロ　テリョダ　ジュセヨ

入れ替え
「この住所に」
이 주소로イ チュソロ
「高速バスターミナルに」
고속버스 터미널로コソクポス トミノルロ

荷物を載せてください。

짐을《チムㇽ》 실어《シロ》 주세요.《ジュセヨ》

入れ替え
「下ろして」
내려ネリョ

トランクを開けてください。

트렁크《トゥロンク》 좀《チョㇺ》 열어《ヨロ》 주세요.《ジュセヨ》

コンビニに寄ってもいいですか?

편의점에《ピョニジョメ》 들러도《トゥㇽロド》 되나요?《トェナヨ》

入れ替え
「銀行に」
은행에ウネンエ
「郵便局に」
우체국에ウチェグゲ

ここで少し待っててください。

여기서《ヨギソ》 잠깐《チャㇺカン》 기다려《キダリョ》 주세요.《ジュセヨ》

入れ替え
「5分くらい」
오 분 정도オ　ブン　チョンド
「10分だけ」
십 분만シㇷ゚　プンマン

あのビルの前で降ろしてください。

저《チョ》 빌딩《ピㇽディン》 앞에서《アペソ》 내려《ネリョ》 주세요.《ジュセヨ》

入れ替え
「交差点で」
사거리에서サゴリエソ
「次の信号で」
다음 신호등에서タウㇺ　シノドゥンエソ

空港までいくらかかりますか?

공항까지《コンハンカジ》 얼마나《オㇽマナ》 나와요?《ナワヨ》

メーターの確認をしてください。

미터기《ミトギ》 확인《ファギン》 좀《チョㇺ》 해《ヘ》 주세요.《ジュセヨ》

＊メーター機の故障や、押し忘れなどもあるので、不安な場合は確認しよう。

移動する・泊まる

長距離鉄道

釜山《プサン》に行くのはどの**電車**ですか?

부산 가려면 어느 열차를 타야 돼요?

プサン カリョミョン オヌ ヨルチャルル タヤ ドェヨ

＊韓国の高速鉄道はKTXとSRTの２種類があり、SRTが若干安い。

一番**早い**のにしてください。

제일 빠른 걸로 해 주세요.

チェイル ッパルン ゴルロ ヘ ジュセヨ

入れ替え
「安いのに」
싼 걸로ッサン コルロ

切符、どこで買えますか?

표 어디서 사요?

ピョ オディソ サヨ

漢字語
표ピョ (票)

何番線から**出発**しますか?

몇 번 선에서 출발합니까?

ミョッ ポン ソネソ チュルバラムニッカ

漢字語
출발チュルバル (出発)

天安《チョナン》駅に停まりますか?

천안역에 섭니까?

チョナンニョゲ ソムニッカ

入れ替え
「蔚山駅に」
울산역에ウルサンニョゲ
「木浦駅に」
목포역에モクポヨゲ

次の電車は**何時**ですか?

다음 열차는 몇 시에 있어요?

タウム ヨルチャヌン ミョッ シエ イッソヨ

大邱《テグ》まで片道切符ください。

대구까지 편도표 주세요.

テグッカジ　ピョンドピョ　チュセヨ

漢字語
편도표ピョンドピョ (片道票)

往復切符はいくらですか?

왕복표는 얼마예요?

ワンボㇰピョヌン　オㇽマエヨ

漢字語
왕복표ワンボㇰピョ (往復票)

一般席でお願いします。

일반석으로 부탁합니다.

イㇽバンソグロ　プタカㇺニダ

入れ替え
「特別室で」
특실로トゥㇰシㇽロ

学生割引はありますか?

학생 할인이 됩니까?

ハㇰセン　ハリニ　トェㇺニッカ

漢字語
할인ハリン (割引)

この座席、空いていますか?

이 좌석에는 아무도 없습니까?

イ　チャソゲヌン　アムド　オㇷ゚スㇺニッカ

直訳
「この座席には誰もいませんか?」

釜山まであと何駅ですか?

부산까지 몇 정거장 남았어요?

プサンカジ　ミョッ チョンゴジャン　ナマッソヨ

直訳
「釜山まで何駅残っていますか?」

何時に到着しますか?

몇 시에 도착합니까?

ミョッ　シエ　トチャカㇺニッカ

漢字語
도착トチャㇰ (到着)

移動する・泊まる

地下鉄

この近くに**地下鉄**の駅はありますか?

이 근처에 지하철 역이 있어요?

イ　グンチョエ　チハチョル　ヨギ　イッソヨ

漢字語
근처クンチョ（近処）

地下鉄の**路線図**をください。

지하철 노선도를 주세요.

チハチョル　ノソンドルル　チュセヨ

新村《シンチョン》駅まで行きたいのですが。

신촌역까지 가고 싶은데요.

シンチョンニョクカジ　カゴ　シプンデヨ

入れ替え
「江南駅」
강남역カンナムニョク
「汝矣島駅」
여의도역ヨイドヨク

どうやって行くのが一番**速い**ですか?

어떻게 가는 게 제일 빨라요?

オットケ　カヌン　ゲ　チェイル　ッパルラヨ

入れ替え
「安いですか?」
싸요?ッサヨ
「楽ですか?」
편해요?ピョネヨ

何号線に乗ればいいですか?

몇 호선을 타야 돼요?

ミョッ　トソヌル　タヤ　ドェヨ

7号線に乗り換えたいのですが。

칠호선으로 갈아타고 싶은데요.

チロソヌロ　カラタゴ　シプンデヨ

入れ替え
「2号線に」
이호선으로イホソヌロ
「空港鉄道に」
공항철도로コンハンチョルトロ

何駅で**降りれば**いいですか?

무슨《ムスン》 역에서《ヨゲソ》 내리면《ネリミョン》 돼요?《トェヨ》

入れ替え
「乗り換えれば」
갈아타면カラタミョン
「乗れば」
타면タミョン

次は**何駅ですか?**

다음은《タウムン》 무슨《ムスン》 역입니까?《ヨギムニッカ》

入れ替え
「この駅ですか?」
이 역입니까?イ　ヨギムニッカ
(指をさして)

反対側に**間違えて**乗ってしまいました。

반대편에서《パンデピョネソ》 잘못《チャルモッ》 탔어요.《タッソヨ》

乗り過ごしてしまいました。

내릴《ネリル》 역《ヨク》 지나쳤습니다.《チナチョッスムニダ》

直訳
「降りる駅、通り過ぎました」

1回用カードはどこで売っていますか?

일회용《イレヨン》 카드는《カドゥヌン》 어디서《オディソ》 팔아요?《パラヨ》

＊地下鉄では紙の切符は廃止され、チャージ式のカードを使わない場合は1回用カード(保証金式)を購入する。

交通カードの**チャージ**機はどこにありますか?

교통카드《キョトンカドゥ》 충전기《チュンジョンギ》 어디에《オディエ》 있어요?《イッソヨ》

漢字語
충전チュンジョン(充塡)

保証金払い戻しはどうやりますか?

보증금《ポジュングム》 환불은《ファンブルン》 어떻게《オットケ》 받아요?《パダヨ》

高速バス

電車よりバスが安くて楽です。

열차보다 버스가 싸고 편해요.

ヨㇽチャボダ　ポスガ　ッサゴ　ピョネヨ

入れ替え
「タクシー」
택시テㇰシ
「飛行機」
비행기ピヘンギ

どのターミナルに行けばいいですか?

어느 터미널로 가야 해요?

オヌ　トミノㇽロ　カヤ　ヘヨ

海雲台《ヘウンデ》へ行く直行バスはありませんか?

해운대 가는 직행버스는 없어요?

ヘウンデ　カヌン　チケンポスヌン　オㇷ゚ソヨ

慶州《キョンジュ》まで何時間かかりますか?

경주까지 몇 시간 걸려요?

キョンジュッカジ　ミョッ　シガン　コㇽリョヨ

入れ替え
「江陵」
강릉カンヌン
「束草」
속초ソㇰチョ

途中でサービスエリアに寄りますか?

중간에 휴게소에 들릅니까?

チュンガネ　ヒュゲソエ　トㇽルㇺニッカ

漢字語
중간チュンガン (中間)
휴게소ヒュゲソ (休憩所)

サービスエリアでは何分くらい停まりますか?

휴게소에서 몇 분정도 쉽니까?

ヒュゲソエソ　ミョッ　プンジョンド　スィㇺニッカ

大田《テジョン》へ行くバスで合ってますか?

대전으로 가는 버스 맞아요?

テジョヌロ　カヌン　ポス　マジャヨ

入れ替え

「統営へ」
통영으로トンヨンウロ

「全州へ」
전주로チョンジュロ

プレミアム高速バスですか?

프리미엄 고속버스입니까?

プリミオム　コソクポスイムニッカ

料金はどのくらい違いがありますか?

요금은 얼마나 차이가 나요?

ヨグムン　オルマナ　チャイガ　ナヨ

漢字語

차이チャイ (差異)

バスの中でWi-Fi使えますか?

버스 안에서 와이파이 사용할 수 있어요?

ポス　アネソ　ワイパイ　サヨンハル　ス　イッソヨ

冷風を止めるにはどうしたらいいですか?

찬 바람을 어떻게 끄면 됩니까?

チャン　パラムル　オットケ　ックミョン　トェムニッカ

終バスの時間に間に合いそうにないのですが。

막차 시간에 맞출 수 없을 것 같은데요.

マクチャ　シガネ　マッチュル　ス　オプスル　コッ　カトゥンデヨ

入れ替え

「出発」
출발チュルバル

「集合」
집합チパプ

韓国の高速バス

韓国の高速バスの等級は、大きく一般・優等・プレミアムがあります。プレミアム高速バスは、リクライニングしても後ろの座席に影響がないボックス式です。

移動する・泊まる

路線バス

市内へ行くにはどのバスに乗りますか?

시내로《シネロ》 가려면《カリョミョン》 어느《オヌ》 버스를《ポスルル》 타야《タヤ》 돼요?《ドェヨ》

入れ替え
「南山へ」
남산으로ナムサヌロ
「仁寺洞へ」
인사동으로インサドンウロ

このバスは鐘路《チョンノ》に停まりますか?

이《イ》 버스는《ポスヌン》 종로에《チョンノエ》 섭니까《ソムニッカ》 ?

入れ替え
「三清洞」
삼청동サムチョンドン
「COEX」
코엑스コエクス(大型コンベンションセンター)

明洞《ミョンドン》に着いたら教えてください。

명동에《ミョンドンエ》 도착하면《トチャカミョン》 알려《アルリョ》 주세요.《ジュセヨ》

入れ替え
「梨大に」
이대에イデエ
「南大門に」
남대문에ナムデムネ

何番バスに乗り換えますか?

몇《ミョッ》 번《ポン》 버스로《ポスロ》 환승해요?《ファンスンヘヨ》

漢字語
환승ファンスン(換乗)

7番バスの乗り場はどこですか?

칠번《チルボン》 버스는《ポスヌン》 어디서《オディソ》 타요?《タヨ》

直訳
「7番バスはどこで乗りますか?」

10番バスは頻繁に来ますか?

십번《シプポン》 버스는《ポスヌン》 얼마나《オルマナ》 자주《チャジュ》 다녀요?《タニョヨ》

直訳
얼마나 자주オルマナ　チャジュ
「どのくらいしばしば」

バスの停留所はどこですか？

버스《ポス》 정류장이《チョンニュジャンイ》 어디예요《オディエヨ》?

漢字語
정류장チョンニュジャン（停留場）

現金でも利用できますか？

현금으로도《ヒョングムロド》 이용할《イヨンハル》 수《ス》 있어요《イッソヨ》?

漢字語
현금ヒョングム（現金）

交通カード、タッチしましたけど！

교통카드《キョトンカドゥ》 댔는데요《テンヌンデヨ》!

直訳
댔는데요テンヌンデヨ「触れましたが」

こちらにどうぞ。（席を譲る時）

여기《ヨギ》 앉으세요《アンジュセヨ》.

つり革をしっかり握ってください。

손잡이를《ソンジャビルル》 꼭《ッコク》 잡으세요《チャブセヨ》.

＊張り紙や注意書きなどでよく目にするフレーズ。

降車ボタンを押してください。

하차《ハチャ》 버튼을《ポトゥヌル》 눌러《ヌルロ》 주세요《ジュセヨ》.

漢字語
하차ハチャ（下車）

降りまーす！

저《チコ》 여기서《ヨギソ》 내려요《ネリョヨ》!

直訳
「私、ここで降ります！」

レンタカー

レンタカーを借りたいのですが。

렌터카를《レントカルル》 빌리고《ピルリゴ》 싶은데요《シプンデヨ》.

入れ替え
「乗用車を」
승용차를スンヨンチャルル
「ワゴン車を」
승합차를スンハプチャルル

どんな種類の車がありますか?

어떤《オットン》 종류의《チョンニュエ》 차가《チャガ》 있어요《イッソヨ》?

小型車がいいです。

소형차를《ソヒョンチャルル》 원합니다《ウォナムニダ》.

入れ替え
「中型車」
중형차チュンヒョンチャ
「大型車」
대형차テヒョンチャ

燃費のいい車にしてください。

연비《ヨンビ》 좋은《チョウン》 차로《チャロ》 주세요《チュセヨ》.

入れ替え
「赤い車に」
빨간 차로ッパルガン　チャロ
「スポーツカーに」
스포츠카로スポチュカロ

1日、いくらですか?

하루에《ハルエ》 얼마예요《オルマエヨ》?

入れ替え
「3日で」
삼 일에サ　ミレ
「1週間で」
일주일에イルチュイレ

料金表を見せてください。

요금표를《ヨグムピョルル》 보여《ポヨ》 주세요《ジュセヨ》.

カーナビはありますか?

내비게이션이 있어요?

ネビゲイショニ　イッソヨ

保険はどうなっていますか?

보험은 어떻게 돼 있어요?

ポホムン　オットケ　トェ　イッソヨ

漢字語
보험ポホム (保険)

身分証と免許証をどうぞ。

신분증과 면허증이 여기 있습니다.

シンブンチュングァ　ミョノチュンイ　ヨギ　イッスムニダ

入れ替え
「パスポート(旅券)と」
여권과ヨックォングァ

全部で、いくらですか?

총금액이 얼마예요?

チョングメギ　オルマエヨ

漢字語
총금액チョングメク (総金額)

麗《ヨ》水《ス》に代理店がありますか?

여수에 대리점이 있어요?

ヨスエ　テリジョミ　イッソヨ

漢字語
대리점テリジョム (代理店)

返却手続きはどうすればいいですか?

반납 절차가 어떻게 돼요?

パンナプ　チョルチャガ　オットケ　トェヨ

漢字語
반납パンナプ (返納)

一番近いガソリンスタンドを教えてください。

제일 가까운 주유소를 알려 주세요.

チェイル　カッカウン　チュユソルル　アルリョ　ジュセヨ

漢字語
주유소チュユソ (注油所)

移動する・泊まる

徒歩

道に迷ったようです。

길을 잃은 것 같아요.

キルㇽ　イルン　ゴッ　カタヨ

直訳
「道を失ったようです」

すみません、道をおたずねします。

실례합니다, 길 좀 묻겠습니다.

シㇽレハㇺニダ　キㇽ　チョㇺ　ムッケスㇺニダ

直訳
실례합니다シㇽレハㇺニダ「失礼します」

現在地はどこですか?

현재 위치가 어디예요?

ヒョンジェ　ウィチガ　オディエヨ

漢字語
현재 위치ヒョンジェ　ウィチ（現在位置）

ここは何通りですか?

여기가 무슨 길입니까?

ヨギガ　ムスン　キリㇺニッカ

この住所はどこですか?

이 주소가 어디예요?

イ　チュソガ　オディエヨ

入れ替え
「この店は」
이 가게가イ　カゲガ
「この会社は」
이 회사가イ　フェサガ

この近くにあるはずですが。

이 근처에 있을 텐데요.

イ　グンチョエ　イッスㇽ　テンデヨ

入れ替え
「このビルに」
이 빌딩에イ　ピㇽディンエ
「この周辺に」
이 주변에イ　チュビョネ

歩いて行けますか?

걸어갈《コロガㇽ》 수《ス》 있어요《イッソヨ》?

歩くのは無理です。

걸어서는《コロソヌン》 못《モッ》 가요《カヨ》.

直訳
「歩いては行けません」

この道沿いに行くと**交差点**に出ます。

이《イ》 길을《キルㇽ》 따라가면《ッタラガミョン》 사거리가《サゴリガ》 나와요《ナワヨ》.

入れ替え
「大通りに」
큰 길이クン　キリ
「地下鉄の駅に」
지하철 역이チハチョㇽ　ヨギ

10分ほど歩くと**公園**に出ます。

십《シㇷ゚》 분《プン》 정도《チョンド》 걸으면《コルミョン》 공원이《コンウォニ》 나와요《ナワヨ》.

漢字語
공원コンウォン（公園）

ため口 **足**が痛い。

다리가《タリガ》 아파《アパ》.

ため口 **ちょっと**休もうよ。

좀《チョㇺ》 쉬었다《スィオッタ》 가자《カジャ》.

直訳
「ちょっと休んでから行こうよ」

ため口 ちょうど**カフェが**あるよ。

마침《マチㇺ》 카페가《カペガ》 있네《インネ》.

入れ替え
「コンビニが」
편의점이ピョニジョミ

移動する・泊まる

方角・位置

目的地はどちら側ですか?

목적지가 어느 쪽이에요?

モクチョクチガ　オヌ　ッチョギエヨ

入れ替え
「家は」
집이チビ
「漢江は」
한강이ハンガンイ

北側にあります。

북쪽에 있어요.

プクチョゲ　イッソヨ

入れ替え
「南側に」
남쪽에ナムチョゲ
「西側に」
서쪽에ソッチョゲ

こちらが**東ですか**?

이쪽이 **동쪽이에요**?

イッチョギ　トンチョギエヨ

入れ替え
「北ですか」
북쪽이에요プクチョギエヨ
「南ですか」
남쪽이에요ナムチョギエヨ

コンビニの**横です**。

편의점 **옆입니다**.

ピョニジョム　ヨピムニダ

入れ替え
「前です」
앞입니다アピムニダ

反対側です。

반대 편입니다.

パンデ　ピョニムニダ

入れ替え
「向かい」
맞은マジュン

こちらにどうぞ。

이쪽으로 오세요.

イッチョグロ　オセヨ

入れ替え
「あちらに」
저쪽으로チョッチョグロ

交差点で右に行ってください。

사거리에서《サゴリエソ》 오른쪽으로《オルンチョグロ》 가세요《カセヨ》.

入れ替え
「左に」
왼쪽으로ウェンチョグロ

信号で右折してください。

신호등에서《シノドゥンエソ》 우회전하세요《ウフェジョナセヨ》.

入れ替え
「左折してください」
좌회전하세요
チャフェジョナセヨ

左に海が見えます。

왼쪽에《ウェンチョゲ》 바다가《パダガ》 보입니다《ポイㇺニダ》.

入れ替え
「右に」
오른쪽에オルンチョゲ

駅前で会いましょう。

역 앞에서《ヨガペソ》 만납시다《マンナㇷ゚シダ》.

入れ替え
「学校の前で」
학교 앞에서ハㇰキョ アペソ
「会社の前で」
회사 앞에서フェサ アペソ

銀行のすぐ横です。

은행《ウネン》 바로《パロ》 옆이에요《ヨピエヨ》.

入れ替え
「前です」
앞이에요アピエヨ
「後ろです」
뒤예요トゥィエヨ

机の上にあります。

책상《チェㇰサン》 위에《ウィエ》 있어요《イッソヨ》.

入れ替え
「下」
아래アレ

座席の下に落ちました。

좌석《チャソㇰ》 밑으로《ミトゥロ》 떨어졌어요《ットロジョッソヨ》.

＊밑ミッは「すぐ下」、아래アレは「少し距離（空間）がある下」。

移動する・泊まる

ホテル（チェックイン）

チェックインお願いします。

체크인《チェクイン》 부탁합니다《プタカムニダ》.

入れ替え
「予約の確認」
예약 확인イェヤク　ファギン

シングルルームです。

싱글《シングル》 룸입니다《ルミムニダ》.

入れ替え
「ツイン」
트윈トゥウィン
「ダブル」
더블トブル

予約した山田です。

예약한《イェヤカン》 야마다입니다《ヤマダイムニダ》.

漢字語
예약イェヤク（予約）

インターネットで予約したんですが。

인터넷으로《イントネスロ》 예약했는데요《イェヤケンヌンデヨ》.

建物全体が禁煙ですか?

건물《コンムル》 전체가《チョンチェガ》 금연이에요《クミョニエヨ》?

漢字語
금연クミョン（禁煙）

喫煙所はありませんか?

흡연소는《フビョンソヌン》 없어요《オプソヨ》?

漢字語
흡연소フビョンソ（吸煙所）

今日、**宿泊**できますか?

오늘 숙박이 가능해요?

オヌㇽ　スㇰパギ　カヌンヘヨ

漢字語
가능カヌン (可能)

予約はしていません。

예약은 안 했습니다.

イェヤグン　ア　ネッスㇺニダ

ツインにしてください。

트윈으로 해 주세요.

トゥウィヌロ　ヘ　ジュセヨ

入れ替え
「シングルに」
싱글로シングㇽロ
「ダブルに」
더블로トブㇽロ

1泊2日です。

일박 이일이에요.

イㇽバ　ギイリエヨ

入れ替え
「2泊3日です」
이박 삼일이에요イバㇰ　サミリエヨ

1泊いくらですか?

하루 숙박이 얼마예요?

ハル　スㇰパギ　オㇽマエヨ

直訳
「1日の宿泊はいくらですか?」

クレジットカード使えますよね?

신용카드 되죠?

シニョンカドゥ　トェジョ

漢字語
신용シニョン (信用)

私の部屋は**何階**ですか?

제 방이 몇 층이에요?

チェ　パンイ　ミョッ　チュンイエヨ

入れ替え
「5階」
오 층オ　チュン
「9階」
구 층ク　チュン

ホテル（頼み事）

ルームサービスお願いできますか？

룸서비스 됩니까?

ルㇺソビス　トェㇺニッカ

ビール2本、お願いします。

맥주 두 병 부탁합니다.

メㇰチュ　トゥ　ビョン　プタカㇺニダ

入れ替え
「チキン2人分」
치킨 이 인분
チキン　イ　インブン
「ブランチ」
브런치プロンチ

305号室ですが。

삼백오호실인데요.

サㇺベゴホシリンデヨ

Wi-Fi、使えますか？

와이파이를 사용할 수 있어요?

ワイパイルㇽ　サヨンハㇽ　ス　イッソヨ

漢字語
사용サヨン（使用）

Wi-Fiのパスワードはなんですか？

와이파이 비밀번호가 뭐예요?

ワイパイ　ピミㇽボノガ　ムォエヨ

漢字語
비밀번호ピミㇽボノ（秘密番号）

フリーWi-Fiですよね？

무료 와이파이죠?

ムリョ　ワイパイジョ

漢字語
무료ムリョ（無料）

ベッドを追加できますか?

침대를 추가할 수 있어요?

チムデルル　チュガハル　ス　イッソヨ

入れ替え

「毛布を」

담요를タムニョルル

「タオルを」

수건을スゴンウル

部屋を換えられますか?

방을 바꿀 수 있어요?

パンウル　パックル　ス　イッソヨ

漢字語

방パン（房）

タオルを取り換えてください。

수건 좀 갈아 주세요.

スゴン　チョム　カラ　ジュセヨ

入れ替え

「シーツ」

시트シトゥ

「蛍光灯」

형광등ヒョングァンドゥン

水道の栓を直してください。

수도꼭지를 고쳐 주세요.

スドッコクチルル　コチョ　ジュセヨ

入れ替え

「トイレを」

화장실을ファジャンシルル

「ドアの鍵を」

문 열쇠를ムン　ヨルスエルル

部屋の掃除をしてもらえますか?

방을 청소해 주시겠어요?

パンウル　チョンソヘ　ジュシゲッソヨ

漢字語

청소チョンソ（清掃）

荷物を預かってもらえますか?

짐 좀 보관해 주시겠어요?

チム　チョム　ポグァネ　ジュシゲッソヨ

漢字語

보관ポグァン（保管）

インロックしてしまいました。

열쇠를 놓고 잠갔어요.

ヨルスエルル　ノコ　チャムガッソヨ

直訳

「鍵を置いて鍵かけました」

移動する・泊まる

ホテル（苦情）

予約は**取り消し**ていません。

예약을 취소한 적이 없어요.

イェヤグㇽ　チュィソハン　ジョギ　オㇷ゚ソヨ

漢字語
취소チュィソ（取消）

もう一度調べてみてください。

한번 더 알아봐 주세요.

ハンボン　ド　アラボァ　ジュセヨ

部屋がとても**タバコ**臭いです。

방이 담배 냄새가 심해요.

パンイ　タㇺベ　ネㇺセガ　シメヨ

直訳
「部屋がタバコのにおいがひどいです」

部屋がとても**寒い**です。

방이 너무 추워요.

パンイ　ノㇺ　チュウォヨ

入れ替え
「暑いです」
더워요トウォヨ

エアコンの**温度調節**ができません。

에어컨 온도 조절이 안 됩니다.

エオコン　オンド　チョジョリ　アン　ドェㇺニダ

漢字語
온도 조절オンド　チョジョㇽ
（温度調節）

お湯が出ません。

따뜻한 물이 안 나와요.

ッタットゥタン　ムリ　アン　ナワヨ

直訳
따뜻한 물ッタットゥタン　ムㇽ
「温かい水」

インターネットがつながらないんですが。

漢字語
연결ヨンギョㇽ（連結）

인터넷 연결이 안 되는데요.

イントネッ　ヨンギョリ　アン　ドェヌンデヨ

冷蔵庫が壊れています。

냉장고가 고장 났어요.

ネンジャンゴガ コジャン　ナッソヨ

隣の部屋がうるさいんですが。

入れ替え
「上の階が」
위층이ウィチュンイ

옆방이 시끄러운데요.

ヨㇷ゚パンイ　シックロウンデヨ

天井から水漏れします。

入れ替え
「トイレで」
화장실에서ファジャンシレソ
「浴室で」
욕실에서ヨㇰシレソ

천장에서 물이 샙니다.

チョンジャンエソ　ムリ　セㇺニダ

トイレが詰まりました。

入れ替え
「洗面台が」
세면대가セミョンデガ

화장실이 막혔어요.

ファジャンシリ　マキョッソヨ

浴室にシャンプーがありません。

入れ替え
「ボディソープが」
바디 워시가パディ　ウォシガ

욕실에 샴푸가 없어요.

ヨㇰシレ　シャㇺプガ　オㇷ゚ソヨ

電球が切れています。

漢字語
전구チョング（電球）

전구가 나갔어요.

チョングガ　ナガッソヨ

ホテル（チェックアウト）

チェックアウトの時間は何時ですか?

체크아웃 시간이 몇 시예요?

チェクアウッ　シガニ　ミョッ　シエヨ

チェックアウトします。

체크아웃하려고요.

チェクアウタリョゴヨ

客室の料金を確認してください。

객실 요금 확인해 주세요.

ケクシル　ヨグム　ファギネ　ジュセヨ

＊**객실 요금**は一息に読むと[ケクシルリョグム]と発音する。

ルームサービスは使っていませんけど。

룸서비스는 이용하지 않았는데요.

ルムソビスヌン　イヨンハジ　アナンヌンデヨ

漢字語
이용イヨン（利用）

コーラを1本飲みました。

콜라 한 병 마셨습니다.

コルラ　ハン　ビョン　マショッスムニダ

入れ替え
「ビール」
맥주メクチュ
「ミネラルウォーター」
생수センス

領収書をください。

영수증 주세요.

ヨンスジュン　チュセヨ

宿泊を延長したいです。

숙박을 연장하고 싶습니다.

スㇰパグㇽ　ヨンジャンハゴ　シㇷ゚スㇺニダ

漢字語
연장ヨンジャン（延長）

荷物を預けてもいいですか？

짐을 맡겨도 돼요?

チㇺㇽ　マッキョド　トェヨ

入れ替え
「スーツケースを」
여행 가방을
ヨヘン　カバンウㇽ

2時に取りに来ます。

두시에 가지러 오겠습니다.

トゥシエ　カジロ　オゲッスㇺニダ

入れ替え
「1時間後に」
한 시간 후에
ハン　シガン　フエ

滞在中、お世話になりました。

머무는 동안 아주 고마웠어요.

モㇺヌン　トンアン　アジュ　コマウォッソヨ

直訳
「泊まっている間、とてもありがとうございました」

ホテルの写真をSNSにアップしますね。

호텔 사진을 SNS에 올릴게요.

ホテㇽ　サジヌㇽ　エスエネスエ　オㇽリㇽケヨ

入れ替え
「動画を」
동영상을トンヨンサンウㇽ

チャンスがあればまた来ますね。

기회가 있으면 다시 오겠습니다.

キフェガ　イッスミョン　タシ　オゲッスㇺニダ

入れ替え
「来年」
내년에ネニョネ
「また今度」
다음에 또タウメ　ット

空港リムジンはどこで乗りますか？

공항 리무진은 어디서 타요?

コンハン　リムジヌン　オディソ　タヨ

入れ替え
「タクシーは」
택시는テㇰシヌン
「地下鉄は」
지하철은チハチョルン

知っ得!

ハングルの遊び心

絵文字や顔文字は、老若男女問わずすっかりおなじみになりました。ハングルはもともと○や□という形が入っているので、特殊文字を使わなくても、基本のハングルの子音と母音だけで、簡単な顔文字をいくらでも作ることができます。

ㅠㅡㅠ　ㅅㅇㅅ　ㅍㅡㅍ　ㅎㅇㅎ　ㅇㅈㅇ　ㅇㄴㅁㅇ

韓国語で顔文字や絵文字のことを이모티콘イモティコンと言います。感情を表すemotion（エモーション）と、記号を表すicon（アイコン）を合わせた造語です。絵文字は이모지イモジとも言います。日本語の「絵文字」を英語式（emoji）に発音したとも、이모티콘イモティコンとエモジを合成させたともいわれています。

ハングルは飾り文字も楽しいです。街の看板などにおしゃれなデザインはたくさんありますが、自分でも簡単に作れます。特に子音のㅇは、サッカーボールにしたりハートにしたりと加工しやすいです。

ファイティン（ファイト）

サラン（愛）

また、ハングルの子音と母音をばらして並べると、暗号のようにもなります。

ㅅㅏㄹㅏㅇ ＝사랑サラン（愛）

自分の名前や好きな単語をデザインしてみるのも楽しいでしょう。

5

場面別

食べる・飲む

食べる・飲む

お店を探す

この近所は**おいしい店**が多いです。

이《イ》 근처에《グンチョエ》 맛집이《マッチビ》 많아요.《マナヨ》

*맛집マッチㇷ゚は、맛있는 집 マシンヌン チㇷ゚(おいしい店)の略語。

この店は**雑誌**に**紹介**されました。

이《イ》 가게는《カゲヌン》 잡지에《チャㇷ゚チエ》 소개되었어요.《ソゲドェオッソヨ》

このお店はどこですか?

이《イ》 식당은《シㇰタンウン》 어디예요?《オディエヨ》

漢字語
식당シㇰタン（食堂）。飲食店全般を指す。

コスパのいいお店はありますか?

가성비가《カソンビガ》 좋은《チョウン》 식당이《シㇰタンイ》 있어요?《イッソヨ》

*가성비カソンビは、가격 대비 성능의 비율カギョㇰ テビ ソンヌンエ ピユㇽ（価格対性能比）の略で、コストパフォーマンスの意味で使われる新造語。

プデチゲで有名な店はありますか?

부대찌개로《プデッチゲロ》 유명한《ユミョンハン》 맛집이《マッチビ》 있어요?《イッソヨ》

辛いものが食べたいです。

매운《メウン》 것을《ゴスㇽ》 먹고《モㇰコ》 싶어요.《シポヨ》

特に食べたいものはありません。

특별히《トゥクピョリ》 먹고《モクコ》 싶은《シプン》 게《ゲ》 없어요《オプソヨ》.

漢字語
특별トゥクピョル (特別)

ぜひ食べたいものがあります。

꼭《ッコク》 먹고《モクコ》 싶은《シプン》 게《ゲ》 있어요《イッソヨ》.

行きたいお店があります。

가《カ》 보고《ボゴ》 싶은《シプン》 식당이《シクタンイ》 있어요《イッソヨ》.

ドラマに出ていたお店なんですが。

드라마에《トゥラマエ》 나온《ナオン》 식당인데요《シクタンインデヨ》.

お店の名前が思い出せません。

식당《シクタン》 이름이《イルミ》 생각이《センガギ》 안《アン》 나요《ナヨ》.

入れ替え
「住所が」
주소가チュソガ

ため口 小腹がすいたから何か食べていこうか?

출출한데《チュルチュランデ》 뭐《ムォ》 좀《チョム》 먹고《モクコ》 갈까《カルカ》?

＊**출출한데**チュルチュランデは、空腹感を感じる程度の時に使う。

ため口 お腹すいたからどこでもいいよ。

배고픈데《ペゴプンデ》 아무데나《アムデナ》 가자《カジャ》.

＊**배고픈데**ペゴプンデは、明らかに空腹な時に使う。

食べる・飲む

レストランの予約

予約したいのですが。

예약하고《イェヤカゴ》 싶은데요《シプンデヨ》.

明日7時に予約できますか?

내일《ネイル》 일곱시에《イルゴプシエ》 예약할《イェヤカル》 수《ス》 있어요《イッソヨ》?

入れ替え
「5時」
다섯 시タソッ シ
「6時」
여섯 시ヨソッ シ

4人ですが、 座れますか?

네《ネ》 명인데《ミョンインデ》 자리《チャリ》 있어요《イッソヨ》?

入れ替え
「2人」
두 명トゥ ミョン
「3人」
세 명セ ミョン

ネットで予約できますか?

인터넷으로《イントネスロ》 예약할《イェヤカル》 수《ス》 있어요《イッソヨ》?

入れ替え
「アプリで」
앱으로エブロ

予約が必須です。

예약이《イェヤギ》 꼭《ッコク》 필요해요《ピリョヘヨ》.

直訳
「予約が必ず必要です」

禁煙席にしてください。

금연석으로《クミョンソグロ》 해《ヘ》 주세요《ジュセヨ》.

漢字語
금연석クミョンソク (禁煙席)

山田**という**名前で予約しました。

야마다라는 이름으로 예약했어요.

ヤマダラヌン　イルムロ　イェヤケッソヨ

予約を**確認し**たいのですが。

예약을 확인하고 싶은데요.

イェヤグㇽ　ファギナゴ　シプンデヨ

入れ替え
「変更し」
변경하고ピョンギョンハゴ

予約を変えられますか?

예약을 바꿀 수 있어요?

イェヤグㇽ　パックㇽ　ス　イッソヨ

3人を**4人に**してください。

세 명을 네 명으로 해 주세요.

セ　ミョンウㇽ　ネ　ミョンウロ　ヘ　ジュセヨ

入れ替え
「5人に」
다섯 명으로
タソン　ミョンウロ

予約を**取り消して**ください。

예약을 취소해 주세요.

イェヤグㇽ　チュィソヘ　ジュセヨ

ため口 レストランの予約**アプリ**があるよ。

식당 예약 앱이 있어.

シㇰタン　イェヤㇰ　エビ　イッソ

*アプリは**앱**エㇷ゚という。

ため口 このまま行ってみよう。

그냥 가 보자.

クニャン　カ　ボジャ

*__그냥__クニャンは、「ただ、意味もなく、手を加えず」などという意味で使われるが、この場合は「このまま予約せずに」という意味。

食べる・飲む

料理を決める・頼む

何にしますか?

뭘로《ムォルロ》 하시겠어요《ハシゲッソヨ》?

ここは何がおいしいですか?

여기《ヨギ》 뭐가《ムォガ》 맛있어요《マシッソヨ》?

メニューください。

메뉴《メニュ》 주세요《ジュセヨ》.

メニューを見てもよくわかりません。

메뉴《メニュ》 봐도《ポァド》 잘《チャル》 모르겠어요《モルゲッソヨ》.

お任せします。

알아서《アラソ》 시켜《シキョ》 주세요《ジュセヨ》.

直訳
「(あなたが) 判断して注文してください」

(メニューを指して) これください。

이거《イゴ》 주세요《チュセヨ》.

注文お願いします。

여기《ヨギ》 주문《チュムン》 좀《チョム》 받아《パダ》 주세요《ジュセヨ》.

直訳
「こちらの注文ちょっと受けてください」

2人前だと多すぎますかね?

이《イ》 인분이면《インブニミョン》 너무《ノム》 많은가요《マヌンガヨ》?

入れ替え
「3人前」
삼 인분 サ ミンブン
「4人前」
사 인분 サ インブン

とりあえずサムギョプサル2人前ください。

우선《ウソン》 삼겹살《サムギョプサル》 이《イ》 인분《インブン》 주세요《ジュセヨ》.

辛さ控えめにお願いします。

덜《トル》 맵게《メプケ》 해《ヘ》 주세요《ジュセヨ》.

辛いものも好きです。

매운《メウン》 것도《ゴット》 잘《チャル》 먹어요《モゴヨ》.

直訳
「辛いものもよく食べます」

ため口 **何食べようか?**

뭘《ムォル》 먹을까《モグルカ》?

ため口 **苦手なもの、ある?**

못《モン》 먹는《モンヌン》 게《ゲ》 있어《イッソ》?

直訳
「食べられないものがある?」

食べる・飲む

料理名

カルビ **갈비**《カルビ》	ロース **등심**《トゥンシム》
豚カルビ **돼지갈비**《トェジガルビ》	サムギョプサル **삼겹살**《サムギョプサル》
鳥の足 **닭발**《タクパル》	豚の足 **족발**《チョクパル》
ホルモン **곱창**《コプチャン》	カルビ蒸し **갈비찜**《カルビッチム》
あんこう蒸し **아귀찜**《アグィッチム》	卵蒸し **계란찜**《ケランチム》
タッカルビ **닭갈비**《タクカルビ》	タコ炒め **낙지볶음**《ナクチボックム》

カンジャンケジャン **간장게장** カンジャンゲジャン	タッカンマリ **닭한마리** タカンマリ
キムチ **김치** キㇺチ	スンドゥブチゲ **순두부찌개** スンドゥブッチゲ
味噌チゲ **된장찌개** トェンジャンチゲ	カムジャタン **감자탕** カㇺジャタン
参鶏湯 **삼계탕** サㇺゲタン	辛いスープ **매운탕** メウンタン
牛のスープ **곰탕** コㇺタン	トッポギ **떡볶이** ットクポッキ
炒めご飯 **볶음밥** ポックㇺパㇷ゚	チヂミ **지짐이** チジミ
ビビンバ **비빔밥** ピビㇺパㇷ゚	冷麺 **냉면** ネンミョン

食べる・飲む

注文を追加する

これ、 もう１つください。

이거《イゴ》 하나《ハナ》 더《ト》 주세요《チュセヨ》.

入れ替え
「お皿」
접시チョㇷ゚シ
「お箸」
젓가락チョッカラㇰ

大根キムチも追加で！

깍두기도《ッカㇰトゥギド》 추가요《チュガヨ》!

入れ替え
「キムチ」
김치キㇺチ
「お肉」
고기コギ

ご飯、 半分おかわりお願いします。

밥《パㇷ゚》 반만《パンマン》 더《ト》 주세요《チュセヨ》.

直訳
「ご飯、半分だけ、もっとください」

もっと何か食べたいものありますか?

뭐《ムォ》 더《ト》 먹고《モㇰコ》 싶은《シプン》 거《ゴ》 있어요《イッソヨ》?

メニューもう一度くれますか?

메뉴판《メニュパン》 다시《タシ》 주시겠어요《チュシゲッソヨ》?

これだけで十分です。

이것만으로《イゴンマヌロ》 충분해요《チュンブネヨ》.

漢字語
충분チュンブン (充分)

何か飲みますか?

뭐 마실래요?

ムォ　マシルレヨ

焼酎もう1本ください。

소주 한 병 더 주세요.

ソジュ　ハン ビョン　ト　チュセヨ

入れ替え
「コーラ」
콜라コルラ
「サイダー」
사이다サイダ

お水ください。

물 좀 주세요.

ムル　チョム　チュセヨ

入れ替え
「緑茶」
녹차ノクチャ

デザートのようなものはありませんか?

후식 같은 거 없어요?

フシク　カトゥン　ゴ　オプソヨ

漢字語
후식フシク（後食）

一口だけ食べたいです。

한 입만 먹고 싶어요.

ハン ニムマン　モクコ　シポヨ

ため口 食べたいもの、なんでも食べな。

먹고 싶은 거 다 먹어.

モクコ　シプン　ゴ　タ　モゴ

ため口 食べすぎるとお腹痛くなるよ。

너무 많이 먹으면 배탈이 나.

ノム　マニ　モグミョン　ペタリ　ナ

＊**배탈**ペタルは「食あたり・腹痛」という意味。

食べる・飲む

飲み物・デザート名

コーヒー 커피《コピ》	アイスコーヒー 아이스커피《アイスコピ》	アメリカン 아메리카노《アメリカノ》
カフェラテ 카페라떼《カペラッテ》	カプチーノ 카푸치노《カプチノ》	紅茶 홍차《ホンチャ》
アイスティー 아이스티《アイスティ》	オレンジジュース 오렌지주스《オレンジジュス》	コーラ 콜라《コㇽラ》
柚子茶 유자차《ユジャチャ》	ショウガ茶 생강차《センガンチャ》	人参茶 인삼차《インサㇺチャ》
コーン茶 옥수수차《オㇰススチャ》	麦茶 보리차《ポリチャ》	烏龍茶 우롱차《ウロンチャ》
緑茶 녹차《ノㇰチャ》	ハーブティー 허브차《ホブチャ》	ミネラルウォーター 생수《センス》

ノンアルコール **무알코올** ムアルコオル	酒 **술** スル	ビール **맥주** メクチュ
洋酒（ウィスキー） **양주** ヤンジュ	ワイン **와인** ワイン	日本酒 **일본 술** イルボン スル

焼酎 **소주** ソジュ	チャミスル ＊焼酎の銘柄。 **참이슬** チャミスル
マッコリ **막걸리** マクコルリ	百歳酒 ＊韓方食材が入ったお酒。 **백세주** ペクセジュ
カクテル **칵테일** カクテイル	爆弾酒 ＊ウィスキーとビールのカクテル。 **폭탄주** ポクタンジュ

ケーキ **케이크** ケイク	かき氷 **빙수** ピンス	アイスクリーム **아이스크림** アイスクリム
プリン **푸딩** プディン	パフェ **파르페** パルペ	シャーベット **셔벗** ショボッ

料理について聞く

この料理の名前はなんですか?

이《イ》 요리《ヨリ》 이름이《イルミ》 뭐예요?《ムォエヨ》

入れ替え
「魚」
생선《センソン》
「野菜」
야채《ヤチェ》

これ、何味ですか?

이거《イゴ》 무슨《ムスン》 맛이에요?《マシエヨ》

イワシが入っていますか?

멸치가《ミョルチガ》 들어《トゥロ》 있어요?《イッソヨ》

入れ替え
「コンブが」
다시마가《タシマガ》
「マグロが」
참치가《チャムチガ》

これはなんの貝ですか?

이건《イゴン》 무슨《ムスン》 조개예요?《チョゲエヨ》

入れ替え
「肉ですか?」
고기예요《コギエヨ》
「卵ですか?」
알이에요《アリエヨ》

合わせ調味料に何が入っていますか?

양념에《ヤンニョメ》 뭐가《ムォガ》 들어《トゥロ》 있어요?《イッソヨ》

＊**양념**《ヤンニョム》は、唐辛子やニンニク、ショウガ、ゴマなどを合わせた調味料で、下味やたれなどに使う。

これはどうやって作りますか?

이거《イゴ》 어떻게《オットケ》 만들어요?《マンドゥロヨ》

もしかしてピーナッツが入っていますか?

혹시 땅콩이 들어 있어요?

ホㇰシ　ッタンコンイ　トゥロ　イッソヨ

入れ替え
「エビ」
새우セウ
「サバ」
고등어コドゥンオ

食べ物のアレルギーがあります。

음식 알레르기가 있어요.

ウㇺシㇰ　アㇽレルギガ　イッソヨ

入れ替え
「そば」
메밀メミㇽ
「卵」
계란ケラン

それはアレルギーがあるので食べられません。

그건 알레르기 때문에 못 먹어요.

クゴン　アㇽレルギ　ッテムネ　モン　モゴヨ

パクチー、抜いてください。

고수 빼 주세요.

コス　ッペ　ジュセヨ

入れ替え
「玉ねぎ」
양파ヤンパ
「エビ」
새우セウ

ケチャップ、入れないでください。

케첩 넣지 마세요.

ケチョㇷ゚　ノチ　マセヨ

入れ替え
「マヨネーズ」
마요네즈マヨネジュ

ため口 **これなんのチゲ?**

이게 무슨 찌개야?

イゲ　ムスン　ッチゲヤ

ため口 **苦味があるけどなんだろ?**

쓴맛이 나는데 뭐지?

ッスンマシ　ナヌンデ　ムォジ

入れ替え
「酸味が」
신맛이シンマシ
「甘味が」
단맛이タンマシ

食べる・飲む

食材・調味料名

牛肉 쇠고기《スェゴギ》	豚肉 돼지고기《トェジゴギ》	鶏肉 닭고기《タㇰコギ》
魚 생선《センソン》	エビ 새우《セウ》	カニ 게《ケ》
タコ 낙지《ナㇰチ》	イカ 오징어《オジンオ》	貝 조개《チョゲ》
野菜 야채《ヤチェ》	白菜 배추《ペチュ》	大根 무《ム》
キュウリ 오이《オイ》	豆 콩《コン》	豆モヤシ 콩나물《コンナムㇽ》
キノコ 버섯《ポソッ》	果物 과일《クァイㇽ》	サンチュ 상추《サンチュ》

調味料 **조미료**《チョミリョ》	塩 **소금**《ソグム》	コショウ **후추**《フチュ》
砂糖 **설탕**《ソルタン》	醤油 **간장**《カンジャン》	味噌 **된장**《トェンジャン》
唐辛子味噌 **고추장**《コチュジャン》	唐辛子 **고추**《コチュ》	ニンニク **마늘**《マヌル》
ショウガ **생강**《センガン》	ゴマ **참깨**《チャムケ》	ゴマ油 **참기름**《チャムギルム》
塩辛 **젓갈**《チョッカル》	食用油 **식용유**《シギョンニュ》	ケチャップ **케첩**《ケチョプ》
マヨネーズ **마요네즈**《マヨネジュ》	ソース **소스**《ソス》	酢 **식초**《シクチョ》
ハチミツ **꿀**《ックル》	昆布 **다시마**《タシマ》	かつお節 **가다랑어포**《カダランオポ》

食べる・飲む

いただきます

いただきます。

잘《チャル》 먹겠습니다《モㇰケッスㇺニダ》.

直訳
「よく（おいしく）食べます」

おいしそうですね。

맛있겠어요《マシッケッソヨ》.

ごちそうがいっぱいですね。

상다리《サンタリ》 부러지겠어요《プロジゲッソヨ》.

直訳
「お膳の足が折れそうです」。テーブルの足が折れるほどごちそうを用意してくれたと、もてなしに感謝する言葉。

ものすごく辛いから気を付けてください。

엄청《オㇺチョン》 매우니까《メウニッカ》 조심하세요《チョシマセヨ》.

入れ替え
「すごく」
매우《メウ》
「ほんとに」
진짜《チンチャ》

熱いです、触らないでください。

뜨거워요《ットゥゴウォヨ》, 손대지《ソンデジ》 마세요《マセヨ》.

さっぱりしておいしいです。

개운하고《ケウナゴ》 맛있어요《マシッソヨ》.

入れ替え
「甘くて」
달콤하고《タㇽコマゴ》
「辛くて」
맵고《メㇷ゚コ》

家ではこういう味は出せません。

집에서는《チベソヌン》 이런《イロン》 맛이《マシ》 안《アン》 나요《ナヨ》.

初めて食べる味です。

처음《チョウㇺ》 먹어《モゴ》 보는《ボヌン》 맛인데요《マシンデヨ》.

少し辛いですが大丈夫です。

좀《チョㇺ》 맵지만《メㇷ゚チマン》 먹을《モグㇽ》 만해요《マネヨ》.

直訳
「少し辛いですが、食べられる程度です」

辛くて食べられません。

매워서《メウォソ》 못《モン》 먹겠어요《モッケッソヨ》.

量が多すぎます。

양이《ヤンイ》 너무《ノム》 많은데요《マヌンデヨ》.

漢字語
양ヤン (量)

ため口 わぁ、 おいしい!

와《ワ》, 맛있다《マシッタ》!

ため口 あぁ、 脂っこい。

아유《アユ》, 느끼해《ヌッキヘ》.

＊아유アユは、呆れた時の感嘆詞。

食べる・飲む

ごちそうさま

ごちそうさまでした。

잘《チャㇽ》 먹었습니다《モゴッスㇺニダ》.

直訳
「よく食べました」

おいしくいただきました。

맛있게《マシッケ》 많이《マニ》 먹었어요《モゴッソヨ》.

これ以上食べられません。

더《ト》 이상《イサン》 못《モン》 먹겠어요《モッケッソヨ》.

漢字語
이상イサン (以上)

持ち帰れますか?

포장해《ポジャンヘ》 주시겠어요《ジュシゲッソヨ》?

直訳
「包んでいただけますか?」

もういいです。

이제《イジェ》 그만《クマン》 먹을게요《モグㇽケヨ》.

直訳
「もうこれだけ食べます」。「これで食べるのをやめる」という意味。

お腹いっぱいです。

배불러요《ペブㇽロヨ》.

お腹が破裂しそうです。

배《ペ》 터지게《トジゲ》 많이《マニ》 먹었어요《モゴッソヨ》.

直訳
「お腹が破裂するほどたくさん食べました」

こんなにおいしいとは思いませんでした。

이렇게《イロケ》 맛있는《マシンヌン》 줄《ジュル》 몰랐어요《モルラッソヨ》.

入れ替え
「辛いとは」
매운 줄メウン ジュル

完食しました。

남김없이《ナムギモプシ》 다《タ》 먹었어요《モゴッソヨ》.

直訳
「残さず全部食べました」

本当においしかったです。

정말《チョンマル》 맛있었어요《マシッソッソヨ》.

入れ替え
「思ったより」
생각보다センガクポダ

ため口 お腹いっぱいで死にそう。

배불러《ペブルロ》 죽겠어《チュクケッソ》.

ため口 飲みすぎたみたい。

너무《ノム》 많이《マニ》 마셨나《マションナ》 봐《ボァ》.

入れ替え
「食べ」
먹었나モゴンナ

ため口 デザートは別腹よ。

디저트《ティジョトゥ》 먹을《モグル》 배는《ペヌン》 따로《ッタロ》 있지《イッチ》.

直訳
「デザートを食べる腹は別にあるよ」

食べる・飲む

居酒屋・バー

一杯飲みに行きましょうか?

한잔하러《ハンジャナロ》 갈까요《カルカヨ》?

乾杯しましょう。

건배합시다《コンベハㇷ゚シダ》.

漢字語
건배コンベ (乾杯)

乾杯!

위하여《ウィハヨ》!

*もとは「健康のために乾杯! 건강을 위하여 건배! コンガンウㇽ ウィハヨ コンベ」などといっていたのが、「〜のために(위하여)」のみに省略された。건배!コンベともいう。

つまみは何がありますか?

술안주는《スランジュヌン》 뭐가《ムォガ》 있어요《イッソヨ》?

入れ替え
「ドリンク」
음료수ウㇺニョス

ノンアルコールは何がありますか?

무알코올《ムアㇽコオㇽ》 음료는《ウㇺニョヌン》 뭐가《ムォガ》 있어요《イッソヨ》?

*논 알코올ノン アㇽコオㇽともいう。

ドリンクメニューください。

음료《ウㇺニョ》 메뉴《メニュ》 주세요《チュセヨ》.

入れ替え
「生ビール」
생맥주センメㇰチュ

ロックで。

얼음을《オルムル》 타서《タソ》 주세요《ジュセヨ》.

直訳
「氷を入れてください」

少し酔ったようです。

좀《チョム》 취한《チュィハン》 것《ゴッ》 같아요《カタヨ》.

運転しなきゃならないんで。

운전해야《ウンジョネヤ》 돼서요《ドェソヨ》.

漢字語
운전ウンジョン（運転）

飲めないんです。

저는《チョヌン》 술《スル》 못해요《モテヨ》.

お酒に強い方です。

술을《スルル》 많이《マニ》 마시는《マシヌン》 편이에요《ピョニエヨ》.

直訳
「お酒をたくさん飲む方です」

私は未成年ですが。

저는《チョヌン》 미성년인데요《ミソンニョニンデヨ》.

漢字語
미성년ミソンニョン（未成年）

ため口 今日はとことん、飲もう！

오늘은《オヌルン》 술《スル》 먹고《モクコ》 죽자《チュクチャ》!

直訳
「今日は酒飲んで死のう」

食べる・飲む

屋台

屋台はどこにありますか?

포장마차는 어디에 있어요?

ポジャンマチャヌン　オディエ　イッソヨ

漢字語
포장마차ポジャンマチャ（布帳馬車）

屋台にまだ行ったことがありません。

포장마차에 아직 못 가 봤어요.

ポジャンマチャエ　アジㇰ　モッ　カ　ボァッソヨ

入れ替え
「一度も」
한 번도 ハン　ボンド

この近くに屋台はありませんか?

이 근처에 포장마차가 없어요?

イ　グンチョエ　ポジャンマチャガ　オㇷ゚ソヨ

＊屋台は屋台街といわれるところに密集してある。

海産物がおいしい屋台はありますか?

해산물이 맛있는 포차가 있어요?

ヘサンムリ　マシンヌン　ポチャガ　イッソヨ

入れ替え
「チヂミが」
지짐이가チジミガ
「おでんが」
오뎅이オデンイ

これはなんですか?

이거 뭐예요?

イゴ　ムォエヨ

入れ替え
「あれ」
저거チョゴ
「それ」
그거クゴ

これはいくらですか?

이거 얼마예요?

イゴ　オㇽマエヨ

席はありますか?

자리《チャリ》 있어요《イッソヨ》?

どうやって注文しますか?

어떻게《オットケ》 주문해요《チュムネヨ》?

つまみは何がいいでしょうか?

안주는《アンジュヌン》 뭐가《ムォガ》 좋을까요《チョウㇽカヨ》?

入れ替え
「お酒は」
술은スルン

トッポギがおいしそうですね。

떡볶이가《ットㇰポッキガ》 맛있어《マシッソ》 보이네요《ポイネヨ》.

入れ替え
「イカが」
오징어가オジンオガ
「うどんが」
우동이ウドンイ

おでんと卵焼き1つ、ください。

오뎅하고《オデンハゴ》 계란말이《ケランマリ》 하나《ハナ》 주세요《チュセヨ》.

入れ替え
「ホヤと」
멍게하고モンゲハゴ
「焼き鳥と」
닭꼬치하고タッコチハゴ

ため口 **焼酎が飲みたいな。**

소주가《ソジュガ》 땡기네《ッテンギネ》.

＊**땡기다**ッテンギダは「心ひかれる、そそられる」の俗語で、語幹に感嘆を表す**네**ネがついている。

ため口 **屋台で一杯やろうか?**

포차에서《ポチャエソ》 한잔할까《ハンジャナルカ》?

＊**포강마차**ポジャンマチャを略して**포차**ポチャという。

食べる・飲む

ファストフード・カフェ

ハンバーガー**1つと**コーラ1つください。

햄버거《ヘㇺボゴ》 하나랑《ハナラン》 콜라《コㇽラ》 하나《ハナ》 주세요《チュセヨ》.

入れ替え
「2つと」
두《トゥ》 개랑《ゲラン》

コーラは**小さいのを**ください。

콜라는《コㇽラヌン》 작은《チャグン》 걸로《ゴㇽロ》 주세요《チュセヨ》.

入れ替え
「大きいのを」
큰《クン》 걸로《コㇽロ》

ポテトも食べたいです。

감자튀김도《カㇺジャトゥィギㇺド》 먹고《モㇰコ》 싶어요《シポヨ》.

入れ替え
「サラダも」
샐러드도《セㇽロドゥド》

セットになっているのはありませんか?

세트로《セトゥロ》 된《トェン》 거《ゴ》 없어요《オㇷ゚ソヨ》?

イートインで。

여기서《ヨギソ》 먹을《モグㇽ》 거예요《コエヨ》.

直訳
「ここで食べるつもりです」

テイクアウトで。

가지고《カジゴ》 갈《カㇽ》 거예요《コエヨ》.

直訳
「持って行くつもりです」

アイスでお願いします。

아이스로《アイスロ》 주세요《チュセヨ》.

入れ替え
「ホットで」
핫으로ハスロ

氷を入れないでください。

얼음《オルㇺ》 넣지《ノチ》 마세요《マセヨ》.

飲み物もセットになっていますか?

음료수도《ウㇺニョスド》 세트로《セトゥロ》 나와요《ナワヨ》?

漢字語
음료수ウㇺニョス (飲料水)

ラージサイズはどのくらいの大きさですか?

라지《ラジ》 사이즈는《サイジュヌン》 얼마나《オルマナ》 커요《コヨ》?

入れ替え
「ミディアムサイズ」
미디엄《ミディオㇺ》 사이즈《サイジュ》

やっぱりスモールサイズにしてください。

역시《ヨㇰシ》 스몰《スモㇽ》 사이즈로《サイジュロ》 해《ヘ》 주세요《ジュセヨ》.

ため口 **ラテアートがかわいい。**

라떼아트가《ラッテアトゥガ》 예쁘네《イェップネ》.

ため口 **ちょっと甘いもの、食べたい。**

단것《タンゴッ》 좀《チョㇺ》 먹고《モㇰコ》 싶다《シㇷ゚タ》.

食べる・飲む

トラブル

注文したものと違います。

음식이《ウムシギ》 잘못《チャルモン》 나왔어요《ナワッソヨ》.

直訳
「食べ物が間違えて出てきました」

これ、注文していません。

이거《イゴ》 주문《チュムン》 안《ア》 했어요《ネッソヨ》.

グラスが汚れています。

잔이《チャニ》 더러워요《トロウォヨ》.

入れ替え
「お皿が」
접시가チョプシガ
「お箸が」
젓가락이チョッカラギ

味がちょっと変です。

맛이《マシ》 좀《チョム》 이상해요《イサンヘヨ》.

入れ替え
「においが」
냄새가ネムセガ

もっと火を通していただけますか？

좀《チョム》 더《ド》 익혀《イキョ》 주시겠어요《チュシゲッソヨ》?

網を替えてください。

불판《プルパン》 좀《チョム》 갈아《カラ》 주세요《ジュセヨ》.

スプーンを新しいのにしてください。

숟가락 새걸로 바꿔 주세요.

スッカラㇰ　セゴㇽロ　パックォ　ジュセヨ

入れ替え
「フォーク」
포크ポㇰ

水をこぼしてしまいました。

물을 엎질렀어요.

ムルㇽ　オプチㇽロッソヨ

入れ替え
「お酒を」
술을スルㇽ
「スープを」
국을クグㇽ

ここをちょっと拭いてください。

여기를 좀 닦아 주세요.

ヨギルㇽ　チョㇺ　タッカ　ジュセヨ

入れ替え
「テーブルを」
상을サンウㇽ
「床を」
바닥을パダグㇽ

注文したものがまだ来ていません。

주문한 게 아직 안 나왔어요.

チュムナン　ゲ　アジㇰ　アン　ナワッソヨ

温めなおしてください。

다시 데워 주세요.

タシ　テウォ　ジュセヨ

ため口 **油が跳ねるから気を付けて!**

기름이 튀니까 조심!

キルミ　トゥィニッカ　チョシㇺ

漢字語
조심チョシㇺ（操心）

ため口 **汁が服に付いたじゃない。**

국물이 옷에 묻었잖아.

クンムリ　オセ　ムドッチャナ

食べる・飲む

会計する

お会計お願いします。

계산해《ケサネ》 주세요《ジュセヨ》.

漢字語
계산《ケサン》 (計算)

現金で払います。

현금으로《ヒョングムロ》 계산할게요《ケサナルケヨ》.

漢字語
현금《ヒョングム》 (現金)

カードで支払いできますか?

카드로《カドゥロ》 계산《ケサン》 가능해요《カヌンヘヨ》?

直訳
「カードで計算、可能ですか?」

ここは**私が**出しますよ。

여기는《ヨギヌン》 제가《チェガ》 낼게요《ネルケヨ》.

*韓国では、基本的に年長者が払う。

今度は私が**おごりますね**。

다음엔《タウメン》 제가《チェガ》 한턱내죠《ハントンネジョ》.

*同年代同士だと順番で払う。

細かいお金ありますか?

잔돈이《チャンドニ》 있어요《イッソヨ》?

前払いですか？

여기《ヨギ》 선불이에요?《ソンブリエヨ》

漢字語
선불ソンブル（先払）

別々に会計してください。

따로《ッタロ》 계산해《ケサネ》 주세요.《ジュセヨ》

お会計が間違っているようです。

계산이《ケサニ》 잘못된《チャルモットェン》 것《ゴッ》 같은데요.《カトゥンデヨ》

割り勘にしましょう。

반반《パンバン》 냅시다.《ネプシダ》

直訳
「半々出しましょう」

自分が食べたものは自分で払います。

제가《チェガ》 먹은《モグン》 건《ゴン》 제가《チェガ》 낼게요.《ネルケヨ》

ため口 いつ払ったの？

언제《オンジェ》 계산했어?《ケサネッソ》

入れ替え
「誰が」
누가ヌガ

ため口 私が出そうと思ってたのに。

내가《ネガ》 낼라《ネルラ》 했는데.《ヘンヌンデ》

知っ得!

スシ、オデン、日本語でも通じるけれど

韓国にいると時々、만땅マンタン（満タン）、와리바시ワリバシ（割り箸）などの日本語が耳に飛び込んできます。さらに耳を澄ますと、쓰메끼리ッスメッキリ（爪切り？）、나시ナシ（袖なし？）などという隠れた日本語にも気が付きます。これらは植民地時代を思い出させるものだからという理由で、韓国社会に残る日本語を廃止しようという努力がなされ、多くの日本語が固有の韓国語に置き換えられました。おなじみの日本食の例を見てみましょう。

日本食の代表、寿司。今でも스시スシのままで通じますが、韓国語では초밥チョバプです。초チョ(酢)밥バプ(ご飯)なので、直訳すると「酢飯」なのですが、寿司の意味で使われています。

そして屋台でもよく目にするおでんは、어묵オムクに置き換えられています。これも厳密にいえば魚の身をすりつぶして固めたものを指すので、本来的には「おでんの中に어묵オムクが入っている」のように使うのが正しいのですが、「おでん＝어묵オムク」として使われています。

丼(どんぶり)も以前は돈부리トンブリと言っていましたが、今では牛丼なら쇠고기スェゴギ(牛肉) 덮밥トプパプ（おおうご飯）が定着しました。

最後に、固有語への置き換え失敗例を一つ。돈까스トンカス(とんかつ)は돼지고기 너비 튀김トェジゴギ　ノビ　トィギム(豚肉幅広揚げ)が提案されましたが、名前が長すぎたためか、使われていません。昔も今もとんかつは돈까스トンカスです。

6

場面別

買う

服を買う

あの、すみません。

저기요, 좀 도와주시겠어요?

チョギヨ　チョㇺ　トワジュシゲッソヨ

⇔直訳
「あの、少し手伝っていただけますか?」

ジーンズを買いたいのですが。

청바지를 사고 싶은데요.

チョンバジルㇽ　サゴ　シプンデヨ

漢字語
청チョン（青）
＊**청바지**チョンバジは「青ズボン」の意味。

ワンピースを探しています。

원피스를 찾고 있어요.

ウォンピスルㇽ　チャッコ　イッソヨ

入れ替え
「スカートを」
치마를チマルㇽ
「セーターを」
스웨터를スウェトルㇽ

白いシャツはありませんか?

흰색 셔츠는 없어요?

ヒンセㇰ　ショチュヌン　オㇷ゚ソヨ

入れ替え
「花柄の」
꽃무늬ッコンムニ
「無地の」
무지ムジ

これ、見せてもらえますか?

이거 보여 주실 수 있어요?

イゴ　ポヨ　ジュシㇽ　ス　イッソヨ

入れ替え
「あれ」
저거チョゴ

この服に合う靴はありますか?

이 옷에 맞는 구두 있어요?

イ　オセ　マンヌン　クドゥ　イッソヨ

入れ替え
「かばん」
가방カバン
「スカーフ」
스카프スカㇷ゚

セールのものはありませんか?

세일하는 거 없어요?

セイラヌン　ゴ　オㇷ゚ソヨ

＊세일セイㇽは英語の「sale」。

何%引きですか?

몇 프로 할인이에요?

ミョッ　プロ　ハリニエヨ

漢字語
할인ハリン（割引）

新商品ですか?

신상품이에요?

シンサンプミエヨ

漢字語
신상품シンサンプㇺ（新商品）

デザインがとてもいいですね。

디자인이 참 좋네요.

ティジャイニ　チャㇺ　チョンネヨ

入れ替え
「色が」
색깔이セㇰカリ
「形が」
모양이モヤンイ

見ているだけです。

그냥 구경하는 거예요.

クニャン　クギョンハヌン　ゴエヨ

直訳
「ただ見物しているんです」

この指輪のサイズはいくつですか?

이 반지 사이즈가 어떻게 돼요?

イ　パンジ　サイジュガ　オットケ　トェヨ

直訳
「この指輪のサイズはどのようになっていますか?」

イヤリングじゃなくてピアスもありますか?

귀걸이 말고 피어싱도 있어요?

クィゴリ　マルゴ　ピオシンド　イッソヨ

買う

サイズ・色柄

フリーサイズですか?

프리《プリ》 사이즈인가요《サイジュインガヨ》?

入れ替え
「Mサイズ」
엠 사이즈《エㇺ サイジュ》

これ、サイズはいくつですか?

이거《イゴ》 사이즈가《サイジュガ》 몇이에요《ミョチエヨ》?

＊사이즈《サイジュ》は英語の「size」。

もっと大きいサイズありますか?

더《ト》 큰《クン》 사이즈《サイジュ》 있어요《イッソヨ》?

入れ替え
「小さい」
작은《チャグン》

Mサイズはありますか?

엠《エㇺ》 사이즈는《サイジュヌン》 있어요《イッソヨ》?

入れ替え
「Sサイズ」
에스 사이즈《エス サイジュ》
「Lサイズ」
엘 사이즈《エㇽ サイジュ》

サイズを測ってもらえますか?

사이즈를《サイジュルㇽ》 재어《チェオ》 주시겠어요《ジュシゲッソヨ》?

同じサイズで色違いはありませんか?

같은《カトゥン》 사이즈로《サイジュロ》 다른《タルン》 색은《セグン》 없어요《オㇷ゚ソヨ》?

入れ替え
「デザインで」
디자인으로《ティジャイヌロ》

ほかの色はありませんか？

다른 색깔은 없어요?

タルン　セㇰカルン　オㇷ゚ソヨ

入れ替え
「サイズは」
사이즈는サイジュヌン

もう少し大きいかばんが欲しいです。

좀 더 큰 가방을 갖고 싶어요.

チョㇺ　ド　クン　カバンウㇽ　カッコ　シポヨ

入れ替え
「小さい」
작은チャグン

もう少し明るい色がいいです。

좀 더 밝은 색깔이 좋아요.

チョㇺ　ド　パㇽグン　セㇰカリ　チョアヨ

入れ替え
「おとなしい」
얌전한ヤㇺジョナン

派手すぎるんですが。

너무 화려한데요.

ノム　ファリョハンデヨ

漢字語
화려ファリョ（華麗）

探している柄がありません。

제가 찾는 무늬가 없어요.

チェガ　チャンヌン　ムニガ　オㇷ゚ソヨ

入れ替え
「色が」
색이セギ

色・柄の名前

「黄色」노란색ノランセㇰ　「薄橙色」살구색サㇽグセㇰ　「茶色」갈색カㇽセㇰ
「赤色」빨간색ッパㇽガンセㇰ　「桃色」분홍색プノンセㇰ　「水色」하늘색ハヌㇽセㇰ
「黄緑色」연두색ヨンドゥセㇰ　「緑色」초록색チョロㇰセㇰ　「青色」파란색パランセㇰ
「灰色」회색フェセㇰ　「黒色」검은색コムンセㇰ　「白色」흰색ヒンセㇰ
「ボーダー柄」가로줄무늬カロジュㇽムニ　「チェック柄」체크무늬チェクムニ

買う

試着

サイズがわかりません。

사이즈를《サイジュルル》 모르겠어요《モルゲッソヨ》.

⇔直訳
「着てみてもいいですか?」

試着してもいいですか?

입어《イボ》 봐도《ボァド》 돼요《トェヨ》?

＊試着室の意味で**탈의실**《タリシル》（脱衣室）も使う。

フィッティングルームはどこですか?

피팅룸이《ピティンルミ》 어디예요《オディエヨ》?

＊**허리**《ホリ》は「腰」の意味。

ウエストがゆるいです。

허리가《ホリガ》 헐렁거려요《ホルロンゴリョヨ》.

＊「ぴったりです」と言う時は**잘 맞아요**《チャル マジャヨ》。

とてもきついです。

너무《ノム》 껴요《ッキョヨ》.

入れ替え
「短い」
짧은《ッチャルブン》

ちょっと長いようです。

좀《チョム》 긴《キン》 것《ゴッ》 같은데요《カトゥンデヨ》.

確かにかわいいんですが。

예쁘긴 한데요.

イエップギン　ハンデヨ

1つ下のサイズを着てみたいです。

사이즈 하나 작은 걸 입어 보고 싶어요.

サイジュ　ハナ　チャグン ゴル　イボ　ボゴ　シポヨ

あかぬけた感じがします。

세련된 느낌이 들어요.

セリョンドェン　ヌッキミ　トゥロヨ

漢字語
세련セリョン（洗練）

ほかの色を持ってきてください。

다른 색 거 가져다 주세요.

タルン　セク　コ　カジョダ　ジュセヨ

入れ替え
「もっと大きいのを」
더 큰 거ト　クン　ゴ

さっき着たのをもう一度着てもいいですか?

아까 입은 걸 다시 입어도 돼요?

アッカ　イブン　ゴル　タシ　イボド　トェヨ

サイズ表示

「ウエスト」허리둘레ホリドゥルレ
「ズボン丈」바지 길이パジ　ギリ
「胸囲」가슴둘레カスムドゥルレ
「袖丈」소매 길이ソメ　ギリ
「ヒップ」엉덩이둘레オンドンイドゥルレ
「股上」밑위길이ミドゥィギリ
「肩幅」어깨너비オッケノビ
「着丈」상의 길이サンイ　ギリ

買う

細かい要望

ポケットの多いかばんが欲しいです。

주머니가《チュモニガ》 많은《マヌン》 가방을《カバンウル》 갖고《カッコ》 싶어요《シポヨ》.

家で洗えますか？

집에서《チベソ》 세탁할《セタカル》 수《ス》 있어요《イッソヨ》?

漢字語
세탁セタク (洗濯)

もっと厚手のものはありませんか？

더《ト》 두꺼운《トゥッコウン》 거《ゴ》 없어요《オプソヨ》?

入れ替え
「薄手のもの」
얇은 거ヤルブン　ゴ

手洗いしないといけませんか？

손빨래《ソンパルレ》 해야《ヘヤ》 돼요《ドェヨ》?

入れ替え
「ドライクリーニング」
드라이클리닝トゥライクルリニン

クリーニング店に出さないといけませんか？

세탁소에《セタクソエ》 맡겨야《マッキョヤ》 돼요《ドェヨ》?

漢字語
세탁소セタクソ (洗濯所)

このコートの素材はなんですか？

이《イ》 코트《コトゥ》 소재가《ソジェガ》 뭐예요《ムォエヨ》?

入れ替え
「ジャケット」
자켓チャケッ

綿素材がいいんですが。

면 소재가 좋은데요.

ミョン　ソジェガ　チョウンデヨ

入れ替え
「ウール」
울ウル

袖がちょっと長いです。

소매가 좀 길어요.

ソメガ　チョム　キロヨ

入れ替え
「短いです」
짧아요ッチャルバヨ

丈を短くできますか?

기장을 줄일 수 있어요?

キジャンウル　チュリル　ス　イッソヨ

無料でできますか?

돈 안 받아요?

トン　アン　バダヨ

直訳
「お金、受け取りませんか?」

すぐできますか?

금방 할 수 있어요?

クムバン　ハル　ス　イッソヨ

母にあげるものを探しています。

어머니께 드릴 걸 찾고 있어요.

オモニッケ　トリル　コル　チャッコ　イッソヨ

入れ替え
「父に」
아버지께アボジッケ

この服、ありますか?（写真を見せて）

이 옷이 있어요?

イ　オシ　イッソヨ

＊「いつ入荷しますか?」と聞きたい時は「**언제 들어와요?**オンジェ　トゥロワヨ」という。

買う

ほかを見てからにする

すみませんが、もう少し見てみます。

죄송하지만《チェソンハジマン》 좀《チョム》 더《ド》 봐야《ポァヤ》 겠어요《ゲッソヨ》.

ほかのところも見てきます。

다른《タルン》 데도《テド》 보고《ポゴ》 올게요《オルケヨ》.

入れ替え
「隣の店も」
옆 가게도ヨプ カゲド

サイズがないなら仕方ないですね。

사이즈가《サイジュガ》 없으면《オプスミョン》 어쩔《オッチョル》 수《ス》 없네요《オムネヨ》.

入れ替え
「白が」
흰색이ヒンセギ

気に入ったものがありませんね。

마음에《マウメ》 드는《トゥヌン》 게《ゲ》 없는데요《オムヌンデヨ》.

ほかの支店にはありますか?

다른《タルン》 지점에는《チジョメヌン》 있어요《イッソヨ》?

漢字語
지점チジョム (支店)

支店はどこにありますか?

지점이《チジョミ》 어디에《オディエ》 있어요《イッソヨ》?

江南《カンナム》店に問い合わせてみてもらえますか?

강남점에 알아봐 주시겠어요?

カンナムジョメ　アラボァ　ジュシゲッソヨ

あっちの店の方がもっと安いです。

저쪽 가게가 더 싸요.

チョッチョク　カゲガ　ト　ッサヨ

入れ替え
「種類が多いです」
종류가 많아요
チョンニュガ　マナヨ

今日は買わないつもりです。

오늘은 안 살 거예요.

オヌルン　アン サル　コエヨ

見て回っているだけです。

그냥 둘러보고 있어요.

クニャン　トゥルロボゴ　イッソヨ

ウィンドウショッピングしています。

아이쇼핑하는 중이에요.

アイショピンハヌン　ジュンイエヨ

＊「ウィンドウショッピング」は**아이쇼핑**アイショピンeye shoppingという。

ため口 買うつもりはないの。

살 생각은 없어.

サル　センガグン　オプソ

ため口 ほかの店も見てみようよ。

다른 가게도 구경해 보자.

タルン　カゲド　クギョンヘ　ボジャ

＊**구경해 보자**クギョンヘ　ボジャは、「観光しよう」の意味でも使う。

買う

店員のフレーズ

いらっしゃいませ。

어서《オソ》 오세요《オセヨ》.

お探し物はなんですか？

뭘《ムォル》 찾으세요《チャジュセヨ》?

直訳
「何をお探しですか？」
＊「何をお手伝いしましょうか？」**뭘 도와드릴까요?**ムォル トワドゥリルカヨとともに、店員の決まり文句。

プレゼント用ですか？

선물용입니까《ソンムルリョンイムニッカ》?

漢字語
선물ソンムル（膳物）

サンプルなのでお安くなっています。

샘플이라서《セムプリラソ》 싸게《ッサゲ》 팔아요《パラヨ》.

入れ替え
「昨年のなので」
작년 거라서
チャンニョン コラソ

ほかに御用はございませんか？

더《ト》 필요한《ピリョハン》 게《ゲ》 있으세요《イッスセヨ》?

直訳
「もっと必要なものはありますか？」

どのようなスタイルがお好みですか？

어떤《オットン》 스타일이《スタイリ》 좋으세요《チョウセヨ》?

入れ替え
「色が」
색깔이セッカリ
「デザインが」
디자인이ティジャイニ

サイズは大丈夫でしょうか?

사이즈는 괜찮으세요?

サイジュヌン　クェンチャヌセヨ

ウエストのサイズはおいくつですか?

허리 사이즈가 어떻게 되세요?

ホリ　サイジュガ　オットケ　トェセヨ

入れ替え
「バスト」
가슴カスム

ご試着なさいますか?

한번 입어 보시겠어요?

ハンボン　イボ　ボシゲッソヨ

直訳
「一度着てみられますか?」

よくお似合いです。

잘 어울리세요.

チャル　オウルリセヨ

最後の1つです。

마지막 하나 남은 거예요.

マジマク　ハナ　ナムン　ゴエヨ

ありがとうございました。

예쁘게 입으세요.

イェップゲ　イブセヨ

直訳
「かわいく着てください」。店員のあいさつフレーズ。

どうも。(客のフレーズ)

많이 파세요.

マニ　パセヨ

直訳
「たくさん売ってください」。**예쁘게 입으세요**イェップゲイブセヨに返すあいさつフレーズ。

買う

価格確認・包装

これはいくらですか?

이거《イゴ》 얼마예요?《オルマエヨ》

もっと安いのはありませんか?

더《ト》 싼《ッサン》 거《ゴ》 없어요?《オㇷ゚ソヨ》

入れ替え
「よい」
좋은チョウン

1着ならいくらですか?

한《ハン》 벌이면《ボリミョン》 얼마예요?《オルマエヨ》

入れ替え
「2着なら」
두 벌이면トゥ ボリミョン

思ったより高いですね。

예상보다《イェサンボダ》 비싸네요.《ピッサネヨ》

セールにならないんですか?

세일《セイル》 안 해요?《アネヨ》

その値段なら買うのはやめておきます。

그《ク》 가격이면《カギョギミョン》 안《アン》 살래요.《サルレヨ》

おまけがつきますか?

경품을 줘요?

キョンプムル チュォヨ

直訳
「景品をくれますか?」

値札、取ってください。

가격표를 떼 주세요.

カギョクピョルル ッテ ジュセヨ

漢字語
가격표カギョクピョ (価格票)

割れないようにしてください。

안 깨지게 해 주세요.

アン ッケジゲ ヘ ジュセヨ

入れ替え
「つぶれないように」
안 찌그러지게アン ッチグロジゲ

別々に包装してください。

따로따로 포장해 주세요.

ッタロッタロ ポジャンヘ ジュセヨ

漢字語
포장ポジャン (包装)

入れ替え
「きれいに」
예쁘게イェップゲ

小分けの袋をください。

선물용 봉투를 따로 주세요.

ソンムルリョン ポントゥルル ッタロ ジュセヨ

直訳
「プレゼント用の袋を別にください」

雨除けカバーをつけてください。

비 막는 커버를 씌워 주세요.

ピ マンヌン コボルル ッシウォ ジュセヨ

包装しなくてもいいです。

포장 안 해 주셔도 돼요.

ポジャン ア ネ ジュショド トェヨ

支払い

私はこれに決めました。

전 이걸로《イゴルロ》 할게요.

전《チョン》 이걸로《イゴルロ》 할게요《ハルケヨ》

入れ替え
「それに」
그걸로《クゴルロ》

これとこれをください。

이것과《イゴックァ》 이거《イゴ》 주세요《チュセヨ》.

入れ替え
「これを2つ」
이걸《イゴル》 두《トゥ》 개《ゲ》

これだけ買います。

이것만《イゴンマン》 살게요《サルケヨ》.

どこで支払いますか?

어디서《オディソ》 계산해요《ケサネヨ》?

全部合わせていくらですか?

다《タ》 합쳐서《ハプチョソ》 얼마예요《オルマエヨ》?

入れ替え
「割引されると」
할인이《ハリニ》 되면《トェミョン》

クレジットカード使えますか?

신용카드《シニョンカドゥ》 돼요《トェヨ》?

一括払いでお願いします。

일시불로 할게요.

イルシブルロ　ハルケヨ

漢字語
일시불イルシブル（一時払）
＊「分割払いにしてください」という時は**할부로 해 주세요**ハルブロ　ヘ　ジュセヨ。

ケータイで支払えますか？

휴대폰으로 계산해도 돼요?

ヒュデポヌロ　ケサネド　トェヨ

＊**휴대폰**ヒュデポンは「携帯電話」。

返品は可能ですか？

반품이 가능해요?

パンプミ　カヌンヘヨ

入れ替え
「交換は」
교환이キョファニ

これも一緒に袋に入れてください。

이것도 같이 봉투에 넣어 주세요.

イゴット　カチ　ポントゥエ　ノオ　ジュセヨ

安くしてくれてありがとうございます。

싸게 해 줘서 감사합니다.

ッサゲ　ヘ　ジョソ　カムサハムニダ

入れ替え
「まけてくれて」
깎아 줘서ッカッカ　ジョソ

もしかして金額が間違っていませんか？

혹시 계산이 틀리지 않았습니까?

ホクシ　ケサニ　トゥルリジ　アナッスムニッカ

日本円は使えますか？

일본 돈으로 지불할 수 있어요?

イルボン　トヌロ　チブラル　ス　イッソヨ

買う

コスメを買う

化粧品売り場はどこですか?

화장품 매장이 어디예요?

ファジャンプㇺ　メジャンイ　オディエヨ

漢字語
화장품ファジャンプㇺ(化粧品)
매장メジャン (売場)

このブランドを探しています。

이 브랜드를 찾고 있어요.

イ　プレンドゥルㇽ　チャッコ　イッソヨ

入れ替え
「BBクリームを」
비비크림을ピビクリㇺㇽ

乾燥肌のためのクリームはありますか?

건성 피부를 위한 크림 있어요?

コンソン　ピブルㇽ　ウィハン　クリㇺ　イッソヨ

入れ替え
「敏感肌」
민감성 피부
ミンガㇺソン　ピブ

マットな口紅がいいです。

매트한 립스틱이 좋아요.

メトゥハン　リㇷ゚スティギ　チョアヨ

入れ替え
「赤の」
빨간ッパㇽガン
「ピンクの」
핑크색ピンクセㇰ

私の肌に合う色を選んでください。

내 피부에 맞는 색상을 골라 주세요.

ネ　ピブエ　マンヌン　セㇰサンウㇽ　コㇽラ　ジュセヨ

どれが一番人気がありますか?

어느 것이 가장 인기 있어요?

オヌ　ゴシ　カジャン　インキ　イッソヨ

日焼け止め機能がありますか?

자외선 차단 기능이 있어요?

チャウェソン チャダン キヌンイ イッソヨ

✎漢字語
자외선 차단チャウェソン チャダン (紫外線遮断)

ワンプラスワンのサービスありませんか?

원 플러스 원 서비스 없어요?

ウォン プルロス ウォン ソビス オプソヨ

＊ワンプラスワン(1+1)サービスは、1つ買うと1つ無料になるサービス。

サンプル、たくさんください。

샘플 많이 주세요.

セムプル マニ チュセヨ

ため口 テレビコマーシャル見て買ったの。

티비 광고 보고 샀어.

ティビ クァンゴ ポゴ サッソ

✎漢字語
광고クァンゴ (広告)

ため口 チークのケースがかわいいよね。

볼터치 케이스가 예쁘지.

ポルトチ ケイスガ イェップジ

コスメいろいろ

「クレンジング」클렌징クルレンジン
「保湿製品」보습 제품ポスプ チェプム
「アイライナー」아이라이너アイライノ
「マスカラ」마스카라マスカラ
「口紅」립스틱リプスティク
「パウダー」파우더パウド
「化粧水」스킨スキン
「ファンデーション」파운데이션パウンデイション
「アイブロウ」아이브로우アイブロウ
「チーク」볼터치ポルトチ
「リップグロス」립글로스リプグルロス
「コンシーラー」컨실러コンシルロ

買う

コスメを試す

サンプルありますか?

샘플이 있어요?

セㇺプリ　イッソヨ

入れ替え
「テスター」
테스터テスト

どっちがいいですか?

어느 쪽이 좋아요?

オヌ　ッチョギ　チョアヨ

口紅、塗ってみますね。

립스틱 발라 볼게요.

リㇷ゚スティㇰ　パルラ　ボルケヨ

入れ替え
「ファンデーション」
파운데이션パウンデイション

塗る順番は決まっていますか?

바르는 순서가 어떻게 돼요?

パルヌン　スンソガ　オットケ　トェヨ

直訳
「塗る順番がどのようになっていますか?」

やっぱりやめます。

역시 안 살게요.

ヨㇰシ　アン　サルケヨ

思っていた色と違いますね。

기대했던 색과 다르네요.

キデヘットン　セㇰクァ　タルネヨ

さすが高いだけのことはありますね。

역시《ヨㇰシ》 비싼《ピッサン》 만큼《マンクㇺ》 제값을《チェガㇷ゚スㇽ》 하네요《ハネヨ》.

発色がいいですね。

발색이《パㇽセギ》 좋네요《チョンネヨ》.

✎漢字語
발색パㇽセㇰ (発色)

気に入りました。

마음에《マウメ》 들었어요《トゥロッソヨ》.

ため口 どう? 似合う?

어때?《オッテ》 어울려?《オウㇽリョ》

ため口 これ、 かわいくない?

이거《イゴ》 예쁘지《イェッㇷ゚ジ》 않니?《アンニ》

ため口 似合わないよね?

안《ア》 어울리지?《ノウㇽリジ》

ため口 セールまで待とうかな?

세일할《セイラㇽ》 때까지《ッテッカジ》 기다릴까?《キダリㇽヵ》

買う

雑貨・お茶・お菓子

職場の同僚へのおみやげです。

직장《チクチャン》 동료들에게《トンニョドゥレゲ》 줄《チュル》 선물이에요《ソンムリエヨ》.

入れ替え
「親しい友達へ」
친한《チナン》 친구에게《チングエゲ》
「家族へ」
가족에게カジョゲゲ

かわいい文房具を買いたいです。

예쁜《イェップン》 문구를《ムングルル》 사고《サゴ》 싶어요《シポヨ》.

漢字語
문구ムング (文具)

キャラクターグッズはどこで買えますか?

캐릭터《ケリクト》 굿즈는《クッチュヌン》 어디서《オディソ》 사요《サヨ》?

伝統茶にはどんな種類がありますか?

전통차에는《チョントンチャエヌン》 어떤《オットン》 종류가《チョンニュガ》 있어요《イッソヨ》?

＊伝統茶には、「柚子茶」**유자차**ユジャチャ、「人参茶」**인삼차**インサムチャ、「ショウガ茶」**생강차**センガンチャ、「梅実茶」**매실차**メシルチャなどがある。

箱で買えますか?

박스로《パクスロ》 살《サル》 수《ス》 있어요《イッソヨ》?

＊**박스**パクスは英語の「box」。

個別包装ですか?

개별《ケビョル》 포장되어《ポジャンドェオ》 있어요《イッソヨ》?

賞味期限はいつまでですか？
유통기한이 언제까지예요?
ユトンギハニ　オンジェッカジエヨ

漢字語
유통기한ユトンギハン（流通期間）

ハングルが書いてある湯飲み、ありますか？
한글이 적혀 있는 찻잔 있어요?
ハングリ　チョキョ インヌン チャッチャン　イッソヨ

入れ替え
「カード」
카드カドゥ
「筆箱」
필통ピㇽトン

伝統工芸品を見たいのですが。
전통 공예품을 보고 싶은데요.
チョントン　コンイェプムㇽ　ポゴ　シプンデヨ

＊韓国の伝統工芸の代表的なものに、「陶磁器」**도자기**トジャギ、「螺鈿漆器」**나전칠기**ナジョンチㇽギ、「韓紙」**한지**ハンジ、「組紐」**매듭**メドゥㇷ゚などがある。

お土産セットには何が入っていますか？
선물 세트에는 뭐가 들어 있어요?
ソンムㇽ　セトゥエヌン　ムォガ　トゥロ　イッソヨ

箱に何個入っていますか？
박스에 몇 개 들어 있어요?
パㇰスエ　ミョッ　ケ　トゥロ　イッソヨ

ため口 これ、最近日本でも人気だよね。
이거 요즘 일본에서 인기 있지.
イゴ　ヨジュㇺ　イㇽボネソ　インキ イッチ

ため口 日本人の口には合わないと思うよ。
일본 사람 입에 안 맞을걸.
イㇽボン　サラㇺ　イベ　アン マジュㇽコㇽ

書店

食べ物に関する本はどこにありますか?

음식에《ウムシゲ》 관한《クァナン》 책은《チェグン》 어디에《オディエ》 있어요《イッソヨ》?

入れ替え
「韓国文化に」
한국 문화에《ハングン　ムヌァエ》
「日韓関係に」
한일 관계에《ハニル　グァンゲエ》

マンガコーナーはどこですか?

만화책《マヌァチェク》 코너는《コノヌン》 어디예요《オディエヨ》?

入れ替え
「外国語」
외국어《ウェグゴ》
「雑誌」
잡지《チャプチ》

俳優の写真集はどこにありますか?

배우《ペウ》 사진집은《サジンジブン》 어디에《オディエ》 있어요《イッソヨ》?

映画の原作小説はありますか?

영화《ヨンファ》 원작《ウォンジャク》 소설이《ソソリ》 있어요《イッソヨ》?

この本はロングセラーですか?

이《イ》 책《チェク》 스테디셀러예요《ステディセルロエヨ》?

＊「ロングセラー」**스테디셀러**《ステディセルロ》は英語の「steady-seller」。

いつ出版された本ですか?

언제《オンジェ》 출판된《チュルパンドェン》 책이에요《チェギエヨ》?

漢字語
출판《チュルパン》（出版）

絵本を探しています。

그림책을 찾고 있어요.

クリㇺチェグㇽ　チャッコ　イッソヨ

入れ替え
「写真集を」
사진집을サジンジブㇽ
「辞書を」
사전을サジョヌㇽ

軽くて薄いのがいいです。

가볍고 얇은 게 좋아요.

カビョㇷ゚コ　ヤㇽブン　ゲ　チョアヨ

入れ替え
「小さいのが」
작은 게チャグン　ケ

難しくないですか?

어렵지 않을까요?

オリョㇷ゚チ　アヌㇽカヨ

一番売れている小説家は誰ですか?

제일 잘 나가는 소설가가 누구예요?

チェイㇽ　チャㇽ　ナガヌン　ソソㇽガガ　ヌグエヨ

入れ替え
「若者に人気の」
젊은이에게 인기 있는チョㇽム
ニエゲ　インキ　インヌン

トピックの準備にいい本はありますか?

토픽 준비에 좋은 책이 있어요?

トピㇰ　チュンビエ　チョウン　チェギ　イッソヨ

＊토픽トピㇰは、TOPIK（韓国語能力試験）のこと。

読みやすいエッセイを推薦してください。

읽기 쉬운 수필을 추천해 주세요.

イㇽキ　スィウン　スピㇽㇽ　チュチョネ　ジュセヨ

入れ替え
「歴史の本を」
역사책을ヨㇰサチェグㇽ

日本の小説を翻訳した本はありますか?

일본 소설을 번역한 책이 있어요?

イㇽボン　ソソㇽㇽ　ポニョカン　チェギ　イッソヨ

漢字語
번역ポニョㇰ（翻訳）

デパート

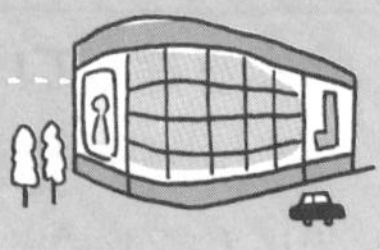

売り場案内図を見せてください。

매장 안내도를 보여 주세요.

メジャン　アンネドルル　ポヨ　ジュセヨ

漢字語
매장メジャン（売場）

家電製品売り場はどこですか?

가전제품 매장이 어디예요?

カジョンジェプム　メジャンイ　オディエヨ

入れ替え
「食品」
식품シクプム
「おもちゃ」
장난감チャンナンカム

レストランは何階ですか?

레스토랑은 몇 층이에요?

レストランウン　ミョッ　チュンイエヨ

入れ替え
「レディスは」
여성복은ヨソンボグン
「トイレは」
화장실은ファジャンシルン

通訳デスクはありませんか?

통역 데스크는 없어요?

トンヨク　テスクヌン　オプソヨ

入れ替え
「エレベーター」
엘리베이터エルリベイト

何時開店ですか?

몇 시에 문 열어요?

ミョッ　シエ　ムン　ヨロヨ

直訳
「何時にドアを開けますか?」

試食できますか?

이거 먹어 봐도 돼요?

イゴ　モゴ　ボァド　トェヨ

直訳
「これ、食べてみてもいいですか?」

免税になりますか?

면세가《ミョンセガ》 돼요《トェヨ》?

免税の手続きをしたいのですが。

면세《ミョンセ》 수속을《スソグル》 하고《ハゴ》 싶은데요《シプンデヨ》.

漢字語
수속スソク (手続)

紙袋をもう1つください。

쇼핑백《ショピンベク》 하나《ハナ》 더《ド》 주세요《チュセヨ》.

入れ替え
「あと2枚」
두 장 더トゥ ジャン ド

荷物を預かっていただけますか?

짐을《チムル》 맡아《マタ》 주시겠어요《ジュシゲッソヨ》?

冷蔵のロッカーもありますか?

냉장《ネンジャン》 보관함도《ポグァナムド》 있어요《イッソヨ》?

漢字語
보관함ポグァナム (保管函)

ため口 ここで買っちゃだめだよ、高いよ。

여기서《ヨギソ》 사지《サジ》 마《マ》, 비싸《ピッサ》.

ため口 スーパーにも同じの売ってるよ。

마트에도《マトゥエド》 똑같은《ットクカトゥン》 거《ゴ》 팔아《パラ》.

買う

スーパー・コンビニ

この近くに大型スーパーはありますか?

이《イ》 근처에《グンチョエ》 마트가《マトゥガ》 있어요《イッソヨ》?

＊大型スーパーは**마트**マトゥ、街角の小さいお店は**슈퍼**シュポという。

カートはどうやって使いますか?

카트는《カトゥヌン》 어떻게《オットケ》 사용해요《サヨンヘヨ》?

＊ショッピングカートは100ウォンのデポジット式。

インスタント食品が買いたいです。

즉석식품을《チュクソクシクプムル》 사고《サゴ》 싶어요《シポヨ》.

漢字語
즉석식품チュクソクシクプム (即席食品)

これ、20個ありますか?

이거《イゴ》 스무《スム》 개《ゲ》 있어요《イッソヨ》?

入れ替え
「10個」
열 개ヨル　ケ
「5個」
다섯 개タソッケ

EMSで日本に送りたいのですが。

EMS로《イエメスロ》 일본에《イルボネ》 보내고《ポネゴ》 싶은데요《シプンデヨ》.

エコバッグに入れてください。

에코백에《エコベゲ》 담아《タマ》 주세요《ジュセヨ》.

入れ替え
「かばんに」
가방에カバンエ

ケータイの充電をしたいのですが。

핸드폰 배터리 충전을 하고 싶은데요.

ヘンドゥポン　ペトリ　チュンジョヌル　ハゴ　シプンデヨ

ドリップコーヒーください。

원두커피 주세요.

ウォンドゥコピ　チュセヨ

漢字語
원두ウォンドゥ (原豆)

おにぎりはどこにありますか?

삼각김밥이 어디에 있어요?

サムガクキムパビ　オディエ　イッソヨ

漢字語
삼각サムガク (三角)

ため口 コンビニ寄っていこう。

편의점 들렀다 가자.

ピョニジョム　トゥルロッタ　カジャ

漢字語
편의점ピョニジョム (便宜店)

ため口 外のテーブルが空いてるよ。

야외 테이블이 비어 있네.

ヤウェ　テイブリ　ピオ　インネ

＊韓国のコンビニでは、店頭にテーブルを並べているところも多い。

雑貨いろいろ

「ハンカチ」 손수건ソンスゴン
「ウェットティッシュ」 물티슈ムルティシュ
「お菓子」 과자クァジャ
「ラーメン」 라면ラミョン
「酒」 술スル
「ティッシュ」 티슈ティシュ
「ビニール傘」 비닐우산ピニルサン
「調味料」 조미료チョミリョ
「キムチ」 김치キムチ
「生理用ナプキン」 생리대センニデ

買う

市場

100グラムって何個くらいですか?

백그램이면《ペックレミミョン》 몇《ミョッ》 개나《ケナ》 돼요?《トェヨ》

1キログラムください。

일《イル》 킬로《キルロ》 주세요.《チュセヨ》

重さを測ってください。

무게를《ムゲルル》 재《チェ》 주세요《ジュセヨ》

ここは定価制ですか?

여기《ヨギ》 정찰제입니까?《チョンチャルチェイムニッカ》

漢字語
정찰제チョンチャルチェ（正札制）
＊定価制のお店は値引き交渉できない。

2つ買ったらまけてくれますか?

두《トゥ》 개《ゲ》 사면《サミョン》 깎아《ッカッカ》 줍니까?《ジュムニッカ》

展示品なんだから安くしてください。

진열된《チニョルドェン》 거니까《ゴニッカ》 싸게《ッサゲ》 해《ヘ》 주시죠.《ジュシジョ》

＊진열된 거チニョルドェン ゴは「陳列されていたもの」の意味。

割引になりませんか?

할인이 안 돼요?

ハリニ　アン　ドェヨ

1万ウォンだけ安くしてください。

만 원만 깎아 주세요.

マ　ヌォンマン　ッカッカ　ジュセヨ

入れ替え
「5,000ウォン」
오천 원オチョ　ヌォン

においがしないようにしてください。

냄새 안 나게 해 주세요.

ネㇺセ　アン　ナゲ　ヘ　ジュセヨ

汁がこぼれないようにしてください。

국물이 안 새게 포장해 주세요.

クンムリ　アン　セゲ　ポジャンヘ　ジュセヨ

カサを減らしたいんですが。

부피를 줄이고 싶은데요.

プピルㇽ　チュリゴ　シプンデヨ

おまけでもう1個ください。

덤으로 하나 더 주세요.

トムロ　ハナ　ド　チュセヨ

国産ですか? 輸入物ですか?

국산이에요, 수입산이에요?

クㇰサニエヨ　スイㇷ゚サニエヨ

漢字語
수입산スイㇷ゚サン（輸入物）

知っ得!

受験生への応援グッズ

韓国で11月中旬に行われる修学能力試験수학능력시험スハンヌンニョㇰシホㇺ(修能수능スヌン)は、毎年大きなニュースになります。韓国は日本よりも学歴を重要視するため、受験生たちのプレッシャーは並大抵ではありません。この時期、受験生たちへの応援グッズが街中に出回りますが、中には「これがなぜ?」と思うユニークなものもあります。

「試験に受かる」と言う時の「受かる」を韓国語で붙다プッタと言います。붙다プッタには「くっつく」という意味もあるので、べたべたとどこにでもくっつく飴や大福がプレゼントの一番人気です。

2番人気はトイレットペーパーです。「問題が解ける」の「解ける=풀리다プㇽリダ」には「ほどける」という意味もあるので、「トイレットペーパーがくるくるほどけるように、問題がすらすら解けますように」という願いを込めてプレゼントするのだそうです。

3つめも言葉遊びです。찍다ッチㇰタは、「写真を撮る사진을 찍다サジヌㇽ ッチㇰタ」というフレーズでよく目にする単語ですが、「判子を押す」「フォークを刺す」「斧で木に切りつける」など幅広く使われます。しかしなぜか、「よくわからないことを適当に見当をつけて答える」という意味もあるのです。そこで「あてずっぽうがうまく当たりますように」という願いから、フォークや斧の形のチョコレートが受験生用のプレゼントになっているそうです。

いずれも「こじつけ」ではありますが、受験生の顔が一瞬でも笑顔になるように、という思いやりの気持ちが伝わってきますね。

7

場面別

観光する・遊ぶ

観光案内所

観光案内所はどこにありますか?

관광 안내소는 어디에 있어요?

クァングァン　アンネソヌン　オディエ　イッソヨ

漢字語
관광 안내소クァングァン　アンネソ（観光案内所）

観光地図をいただけますか?

관광 지도 주시겠어요?

クァングァン　チド　チュシゲッソヨ

入れ替え
「パンフレット」
팸플릿ペㇺプルリッ

日本語の地図はありますか?

일본어로 된 지도 있어요?

イルボノロ　トェン　チド　イッソヨ

入れ替え
「バスの路線図」
버스 노선도ポス　ノソンド

高麗大《コリョデ》までどうやって行きますか?

고려대까지 어떻게 가요?

コリョデッカジ　オットケ　カヨ

入れ替え
「バスターミナル」
버스 터미널ポス　トミノㇽ
＊**고려대**コリョデ高麗大は、韓国の名門私立大学。

この地域の案内パンフレットはありますか?

이 지역의 안내 팸플릿이 있어요?

イ　チヨゲ　アンネ　ペㇺプルリシ　イッソヨ

周辺のホテルを紹介してください。

주변 호텔을 소개해 주세요.

チュビョン　ホテルㇽ　ソゲヘ　ジュセヨ

観光名所を教えてください。

관광 명소를 가르쳐 주세요.

クァングァン ミョンソルル カルチョ ジュセヨ

入れ替え
「特産品を」
특산품을トゥクサンプムル

地元の人たちがよく行くお店はどこですか?

현지 사람들이 자주 가는 가게는 어디예요?

ヒョンジ サラムドゥリ チャジュ カヌン カゲヌン オディエヨ

夜景を楽しめるところはありますか?

야경을 즐길 수 있는 곳이 있어요?

ヤギョンウル チュルギル ス インヌン ゴシ イッソヨ

入れ替え
「自然を」
자연을チャヨヌル

映画のロケ地を見たいです。

영화 촬영지를 보고 싶어요.

ヨンファ チャリョンジルル ポゴ シポヨ

漢字語
촬영지チャリョンジ (撮影地)

日帰りで行くのにいいところありますか?

당일치기로 가기 좋은 곳이 있어요?

タンイルチギロ カギ チョウン ゴシ イッソヨ

漢字語
당일タンイル (当日)

観光ツアーに申し込みたいのですが。

관광 투어를 신청하고 싶은데요.

クァングァン トゥオルル シンチョンハゴ シプンデヨ

漢字語
신청シンチョン (申請)

ガイドは日本語が上手ですか?

안내원이 일본어를 잘해요?

アンネウォニ イルボノルル チャレヨ

漢字語
안내원アンネウォン (案内員)

観光する・遊ぶ

チケット売り場

入場料はいくらですか?

입장료는 어떻게 돼요?

イプチャンニョヌン　オットケ　トェヨ

＊**어떻게 돼요?**オットケ　トェヨ（どのようになりますか）は料金体系を聞く時に使う。ただ値段を聞く時は**얼마예요?**オルマエヨ。

大人2枚ください。

어른 두 장 주세요.

オルン　トゥ　ジャン　チュセヨ

入れ替え

「1枚」

한 장ハン　ジャン

「3枚」

세 장セ　ジャン

子ども料金は何歳までですか?

어린이 요금은 몇 살까지예요?

オリニ　ヨグムン　ミョッ　サルカジ　エヨ

入れ替え

「何歳から」

몇 살부터ミョッ　サルブト

子どもは半額ですか?

어린이는 반액이에요?

オリニヌン　パネギエヨ

予約はすでにしてあります。

예약은 미리 해 놓았어요.

イェヤグン　ミリ　ヘ　ノアッソヨ

＊「まだ予約はしていません」なら**아직 예약 안 했어요**アジㇰ　イェヤㇰ　ア　ネッソヨ。

発券だけしてください。

발권만 해 주세요.

パルクォンマン　ヘ　ジュセヨ

＊ネット予約をして現地で発券する場合など。

漢字語

발권パルクォン（発券）

学生割引ありますか?

학생 할인이 있어요?

ハㇰセン　ハリニ　イッソヨ

入れ替え
「敬老」
경로キョンノ

何人から団体になりますか?

몇 명부터 단체가 돼요?

ミョン　ミョンブト　タンチェガ　トェヨ

オンライン予約をしたのですが。

온라인 예약을 했는데요.

オンナイン　イェヤグㇽ　ヘンヌンデヨ

モバイルチケットなんですが。

모바일 티켓인데요.

モバイㇽ　ティケシンデヨ

どこの列に並べばいいですか?

어느 줄에 서야 돼요?

オヌ　チュレ　ソヤ　ドェヨ

入場は何時までですか?

입장 마감이 몇 시예요?

イㇷ゚チャン　マガミ　ミョッ　シエヨ

直訳
「入場締め切りが何時ですか?」

閉館は何時ですか?

몇 시에 문 닫아요?

ミョッ　シエ　ムン　タダヨ

直訳
「何時にドア閉めますか?」

観光する・遊ぶ

博物館・美術館

博物館に行きたいです。

박물관에 가고 싶어요.

パンムルグァネ　カゴ　シポヨ

入れ替え
「美術館に」
미술관에ミスルグァネ

今、どんな特別展が開かれていますか?

지금 어떤 특별전이 열리고 있어요?

チグム　オットン　トゥクピョルジョニ　ヨルリゴ　イッソヨ

週末は混みますか?

주말에는 사람이 많아요?

チュマレヌン　サラミ　マナヨ

作品目録を見せてください。

작품 목록을 볼 수 있어요?

チャクプム　モンノグル　ポル　ス　イッソヨ

漢字語
작품 목록チャクプム　モンノク
(作品目録)

直訳
「作品目録は見られますか?」

音声ガイドは使えますか?

음성 가이드를 이용할 수 있어요?

ウムソン　カイドゥルル　サヨンハル　ス　イッソヨ

*オーディオガイド**오디오 가이드**オディオ　カイドゥともいう。

言語選択はどうやりますか?

언어 선택은 어떻게 해요?

オノ　ソンテグン　オットケ　ヘヨ

漢字語
언어 선택オノ　ソンテク (言語選択)

常設展も見られますか?

상설 전시도 볼 수 있어요?

サンソㇽ　チョンシド　ポㇽ　ス　イッソヨ

漢字語
상설 전시サンソㇽ　チョンシ
(常設展示)

どの時代の作品ですか?

어느 시대 작품이에요?

オヌ　シデ　チャㇰプミエヨ

入れ替え
「作家」
작가チャㇰカ

展示会の記念品はどこに売っていますか?

전시회 기념품은 어디서 팔아요?

チョンシフェ　キニョㇺプムン　オディソ　パラヨ

入れ替え
「絵はがきは」
그림엽서는クリㇺニョㇷ゚ソヌン

館内にカフェはありますか?

건물 안에 카페가 있어요?

コンムㇽ　アネ　カペガ　イッソヨ

入れ替え
「レストランは」
레스토랑이レストランイ

ため口 美術館、どうだった?

미술관 어땠어?

ミスルグァン　オッテッソ

ため口 期待通りよかったよ。

기대만큼 좋았어.

キデマンクㇺ　チョアッソ

入れ替え
「面白かったよ」
재미있었어チェミイッソッソ

ため口 難しすぎて理解できなかった。

너무 어려워서 이해 못 했어.

ノム　オリョウォソ　イヘ　モ　テッソ

観光地

ツアーの日程表を見せてください。

투어 일정표를 보여 주세요.

トゥオ　イルチョンピョルル　ポヨ　ジュセヨ

入れ替え
「料金表」
요금표ヨグムピョ

今からでも参加できますか?

지금이라도 참석할 수 있어요?

チグミラド　チャムソカル　ス　イッソヨ

漢字語
참석チャムソク（参席）

トイレはどこですか?

화장실이 어디예요?

ファジャンシリ　オディエヨ

近くにレストランはありますか?

근처에 레스토랑이 있어요?

クンチョエ　レストランイ　イッソヨ

このあたりの名物はありますか?

이 지역의 명산품이 있어요?

イ　チヨゲ　ミョンサンプミ　イッソヨ

日本語のできる人はいますか?

일본어를 할 줄 아는 사람이 있어요?

イルボノルル　ハル　チュル　アヌン　サラミ　イッソヨ

徳《トク》寿《ス》宮《グン》に行く道を教えてください。
덕수궁에 가는 길을 가르쳐 주세요.
トㇰスグンエ　カヌン　キルㇽ　カルチョ　ジュセヨ

＊덕수궁トㇰスグン(徳寿宮)はソウル中心部にある朝鮮時代の宮殿。

ここに世界遺産があるんですって?
여기에 세계유산이 있대요?
ヨギエ　セゲユサニ　イッテヨ

入れ替え
「遺跡が」
유적이ユジョギ
「お墓が」
무덤이ムドミ

記念行事があるそうですが。
기념 행사가 있다는데요.
キニョㇺ　ヘンサガ　イッタヌンデヨ

入れ替え
「記念公演が」
기념 공연이
キニョㇺ　コンヨニ

なんの記念碑ですか?
무슨 기념비예요?
ムスン　キニョㇺビエヨ

大きさはどれくらいですか?
크기가 얼마나 돼요?
クギガ　オㇽマナ　トェヨ

ため口 あそこにある説明板、読んだ?
저기 있는 설명판 읽었어?
チョギ　インヌン　ソㇽミョンパン　イㇽゴッソ

ため口 なんのドラマのロケ地だって?
무슨 드라마 촬영지래?
ムスン　トゥラマ　チュァリョンジレ

入れ替え
「映画」
영화ヨンファ

写真を撮る

写真、よく撮れているか、見てください。

사진 잘 나왔는지 보세요.

サジン　チャル　ナワンヌンジ　ポセヨ

撮影禁止ですか?

촬영 금지예요?

チャリョン　クムジエヨ

漢字語
촬영 금지チャリョン　クムジ
(撮影禁止)

写真撮っていただけますか?

사진 찍어 주시겠어요?

サジン　ッチゴ　ジュシゲッソヨ

フラッシュを使ってください。

플래시를 터뜨려 주세요.

プルレシルル　トットゥリョ　ジュセヨ

全身が写るようにしてください。

전신 나오게 해 주세요.

チョンシン　ナオゲ　ヘ　ジュセヨ

入れ替え
「上半身だけが」
상반신만サンバンシンマン

上手に撮ってくださってありがとうございます。

잘 찍어 주셔서 고마워요.

チャル　ッチゴ　ジュショソ　コマウォヨ

入れ替え
「きれいに」
예쁘게イェップゲ

私のケータイでも撮ってください。

제《チェ》 폰으로도《ポヌロド》 찍어《ッチゴ》 주세요《ジュセヨ》.

＊폰《ポン》はphoneで、電話。

ここを押してください。

여기를《ヨギルㇽ》 눌러《ヌㇽロ》 주세요《ジュセヨ》.

1、2、3、チーズ!

하나《ハナ》, 둘《トゥㇽ》, 셋《セッ》, 김치《キムチ》!

＊韓国語では「チーズ」の代わりに「キムチ」と言う。

あの木の下で撮りましょうか?

저《チョ》 나무《ナム》 밑에서《ミテソ》 찍을까요《ッチグㇽカヨ》?

入れ替え
「建物の前で」
건물《コンムㇽ》 앞에서《アペソ》

ため口 さっき撮ったの見せて。

방금《パングㇺ》 찍은《ッチグン》 거《ゴ》 보여《ポヨ》 줘《ジョ》.

ため口 自撮りしてインスタにアップしよう。

셀카《セルカ》 찍어서《ッチゴソ》 인스타에《インスタエ》 올리자《オㇽリジャ》.

＊**셀카**《セルカ》は英語のselfとcameraを組み合わせた造語。

ため口 ここに来た証拠写真撮らなきゃ。

여기《ヨギ》 왔다는《ワッタヌン》 인증샷《インジュンシャッ》 찍어야지《ッチゴヤジ》.

＊**인증샷**《インジュンシャッ》は**인증**《インジュン》（認証）と英語のshotを組み合わせた造語。

映画館

映画、見に行きましょうか?

영화《ヨンファ》 보러《ポロ》 갈까요《ガルカヨ》?

見たい映画があります。

보고《ポゴ》 싶은《シプン》 영화가《ヨンファガ》 있어요《イッソヨ》.

今人気の映画はなんですか?

지금《チグム》 인기《インキ》 있는《インヌン》 영화는《ヨンファヌン》 뭐예요《ムォエヨ》?

映画の料金はいくらですか?

＊早朝は安く、昼間と夕方の時間帯は高くなる。

관람《クァルラム》 요금이《ヨグミ》 어떻게《オットケ》 돼요《トェヨ》?

私は端の席がいいです。

入れ替え
「真ん中の席が」
가운데《カウンデ》 자리가《チャリガ》

저는《チョヌン》 끝자리가《ックッチャリガ》 좋아요《チョアヨ》.

7時の回、2枚ください。

入れ替え
「1時の」
한《ハン》 시《シ》
「3時の」
세《セ》 시《シ》

일곱《イルゴプ》 시《シ》 영화로《ヨンファロ》 두장《トゥジャン》 주세요《チュセヨ》.

どんな映画が好きですか?

어떤 영화를 좋아하세요?

オットン　ヨンファルル　チョアハセヨ

入れ替え
「ジャンルが」
장르를チャンヌルル

私はラブコメ映画が好きです。

저는 로코 영화를 좋아해요.

チョヌン　ロコ　ヨンファルル　チョアヘヨ

入れ替え
「アクション」
액션エクション
「コメディ」
코미디コミディ

ポップコーン買ってきますね。

팝콘 사 올게요.

パプコン　サ　オルケヨ

入れ替え
「飲み物」
음료수ウムニョス

ため口 映画面白かった?

영화 재미있었어?

ヨンファ　チェミイッソッソ

入れ替え
「つまらなかった」
재미없었어チェミ　オプソッソ

ため口 この映画にすごく感動したよ。

이 영화에 정말 감동받았어.

イ　ヨンファエ　チョンマル　カムドンバダッソ

漢字語
감동カムドン (感動)

ため口 セリフがほとんど聞き取れなかった。

대사를 거의 못 알아들었어.

テサルル　コウィ　モ　ダラドゥロッソ

漢字語
대사テサ (台詞)

ため口 俳優がみんなイケメンだった。

배우들이 다 잘생겼어.

ペウドゥリ　タ　チャルセンギョッソ

観光する・遊ぶ

カラオケ

カラオケに行くのはどうですか?

노래방에 가는 게 어때요?

ノレバンエ　カヌン　ゲ　オッテヨ

＊**노래방**ノレバンは、**노래**ノレ（歌）の**방**バン（部屋）という意味。

1時間いくらですか?

한시간에 얼마예요?

ハンシガネ　オルマエヨ

一緒に歌いましょう。

같이 불러요.

カチ　プルロヨ

＊「デュエットしましょう」なら**듀엣 해요**デュエッ　ヘヨ。

次、誰の番ですか?

다음 누구 차례죠?

タウム　ヌグ　チャレジョ

韓国のカラオケ

韓国でも、飲み会の後の二次会はカラオケという場合が多いです。日本のカラオケとの大きな違いは、お酒が飲めないこと。料金システムも1部屋ごとの料金なので、人数が多ければ1人当たりの金額は少なくなります。学生など若者に人気なのは、1曲ずつコインを入れて歌う「コインカラオケ」코인 노래방コイン　ノレバンです。1000ウォンで3～4曲歌えるところが多く、普通の노래방ノレバンよりコスパがいいからです。「혼코노ホンコノ（혼자서 코인 노래방 가다ホンジャソ コイン　ノレバン）1人でコインカラオケ」する人も多いそうです。

音程を高くするボタンはどこですか?

음정을 높이는 버튼이 어디예요?

ウムジョンウル　ノピヌン　ポトゥニ　オディエヨ

入れ替え
「低くするボタンは」
낮추는 버튼이
ナッチュヌン　ポトゥニ

音量を上げてください。

볼륨을 올려 주세요.

ポルリュムル　オルリョ　ジュセヨ

本当に歌が上手ですね。

정말 노래를 잘하시네요.

チョンマル　ノレルル　チャラシネヨ

予約取り消しはどうすればいいですか?

예약 취소는 어떻게 해요?

イェヤク　チュィソヌン　オットケ　ヘヨ

入れ替え
「速度変更は」
속도 변경은
ソクト　ピョンギョンウン

私は歌が上手じゃありません。

전 노래 잘 못해요.

チョン　ノレ　チャル　モテヨ

入れ替え
「得意です」
잘해요チャレヨ

ため口 **私、カラオケ大好き!**

나 노래방 완전 좋아해!

ナ　ノレバン　ワンジョン　チョアヘ

漢字語
완전ワンジョン (完全)
「ものすごく、めっちゃ」の意味の俗語として使われる。

ため口 **私、音痴なの。**

난 음치야.

ナン　ウムチヤ

クラブ

クラブに行ってみたいです。

클럽에 가 보고 싶어요.

クルロベ　カ　ボゴ　シポヨ

一番人気のあるクラブはどこですか?

제일 핫한 클럽이 어디예요?

チェイル　ハタン　クルロビ　オディエヨ

*핫한ハタンは「hotな」。

弘《ホン》大《デ》にあるクラブに行きましょうか?

홍대에 있는 클럽에 갈까요?

ホンデエ　インヌン　クルロベ　カルカヨ

*弘大、江南、梨泰院エリアがクラブ密集地。

ドレスコードがありますか?

드레스 코드가 있어요?

トゥレス　コドゥガ　イッソヨ

*未成年はもちろんだが、お店によっては服装によって入場を断られることもある。

お客様は入場できません。

손님은 들어올 수 없습니다.

ソンニムン　トゥロオル　ス　オプスムニダ

直訳
「お客様は入ることができません」

年齢制限、ありますか?

나이 제한이 있어요?

ナイ　チェハニ　イッソヨ

*お店によっては、年齢の上限が定められているところもある。年齢確認のチェックなどのために身分証明書の提示が必要で、外国人の場合はパスポートを持っていく必要がある。

さて、踊ってきましょうか?

춤 한번 춰 볼까요?

チュㇺ ハンボン チョ ボルカヨ

⇔直訳
「踊り、一度、踊ってみましょうか?」

踊れないんですが。

춤 못 추는데요.

チュㇺ モッ チュヌンデヨ

私の真似して踊ってみてください。

나를 따라 춤춰 보세요.

ナルㇽ ッタラ チュㇺチョ ボセヨ

ため口 入場バンド、手首に着けた?

입장 팔찌, 손목에 찼어?

イㇷ゚チャン パルチ ソンモゲ チャッソ

＊入場バンドは入場手続きがすんだら渡され、ドリンクの注文や再入場の際に必要。手の甲にスタンプを押されることもある。

ため口 踊りたい気分だな。

춤추고 싶은 기분이야.

チュㇺチュゴ シプン キブニヤ

ため口 入場拒否されたら気まずいなあ。

입뺀 당하면 민망한데.

イㇷ゚ペン タンハミョン ミンマンハンデ

＊クラブの入場拒否のことを俗語で「**입뺀**イㇷ゚ペン」という。

ため口 今日はオールナイトするぞ!

오늘은 해 뜰 때까지 달려!

オヌルン ヘ ットゥル ッテッカジ タルリョ

⇔直訳
「今日は日が昇る時まで走れ」

カジノ

ルーレットをやってみますか?

룰렛을 해 볼래요?

ルルレスル　へ　ボルレヨ

入れ替え
「スロットマシンを」
슬롯머신을スルロンモシヌル

初心者なのでテーブルゲームはちょっと…。

초보자라서 테이블 게임은 좀….

チョボジャラソ　テイブル　ケイムン　チョム

漢字語
초보자チョボジャ（初歩者）

チップに交換してください。

칩으로 교환해 주세요.

チブロ　キョファネ　ジュセヨ

賭け金はいくらからですか?

베팅 금액이 얼마부터예요?

ペティン　クメギ　オルマブトエヨ

＊**베팅**ペティンは英語で「betting(賭け)」。

手札がよくないのでやめます。

패가 안 좋아서 포기할게요.

ペガ　アン　チョアソ　ポギハルケヨ

漢字語
포기ポギ（抛棄）。「放棄」の意味。
패ペ（牌）

ブラックジャックに挑戦します。

블랙잭에 도전할게요.

プルレクチェゲ　トジョナルケヨ

入れ替え
「ポーカーに」
포커에ポコエ
「バカラに」
바카라에パカラエ

そろそろやめます。

슬슬《スルスル》 자리에서《チャリエソ》 일어날게요《イロナルケヨ》.

直訳
「そろそろ席から立ち上がります」

チップを現金に換えてください。

칩을《チブル》 현금으로《ヒョングムロ》 환전해《ファンジョネ》 주세요《ジュセヨ》.

ため口 大きく賭けてみよう。

크게《クゲ》 걸어《コロ》 보자《ボジャ》.

ため口 お金全部なくなっちゃった。

돈《トン》 다《タ》 써《ッソ》 버렸어《ボリョッソ》.

ため口 ポーカーゲームでちょっと儲けた。

포커판에서《ポコパネソ》 돈을《トヌル》 좀《チョム》 땄어《ッタッソ》.

ため口 あの人、いかさまして捕まったよ。

저《チョ》 사람이《サラミ》 타짜짓을《タッチャジスル》 하다《ハダ》 걸렸어《コルリョッソ》.

ため口 ドラマの場面みたいだった。

드라마《トゥラマ》 장면《チャンミョン》 같았어《カタッソ》.

占い

占いをしてもらいましょうか?

점《チョㇺ》 좀《チョㇺ》 볼까요?《ポルカヨ》

入れ替え
「手相」
손금ソンクㇺ
「四柱」
사주サジュ（生年月日を元にした占い）

占いカフェに行ってみたいです。

사주카페에《サジュカペエ》 가《カ》 보고《ボゴ》 싶어요.《シポヨ》

＊「占いカフェ」を**사주카페**サジュカペ（四柱カフェ）といい、四柱はもちろん、タロットや手相を見てくれるところもある。

有名な占い師のところへ行きたいです。

유명한《ユミョンハン》 점쟁이한테《チョㇺジェンイハンテ》 가《カ》 보고《ボゴ》 싶어요.《シポヨ》

恋愛運を見てください。

연애운을《ヨネウヌㇽ》 알아봐《アラボァ》 주세요.《ジュセヨ》

入れ替え
「仕事運を」
직장운을チㇰチャンウヌㇽ
「健康運を」
건강운을コンガンウヌㇽ

彼氏の本心を知りたいです。

남자친구의《ナㇺジャチングエ》 속마음을《ソンマウㇺㇽ》 알고《アルゴ》 싶어요.《シポヨ》

転職するかしないか悩んでいます。

직장을《チㇰチャンウㇽ》 옮길지《オㇺギルチ》 말지《マルチ》 고민중이에요.《コミンジュンイエヨ》

入れ替え
「結婚するか」
결혼할지キョロナㇽチ

いつ頃結婚できますか?

언제쯤《オンジェッチュム》 결혼을《キョロヌル》 하게《ハゲ》 돼요《トェヨ》?

来年の運勢が知りたいです。

내년의《ネニョネ》 운세를《ウンセルル》 알고《アルゴ》 싶어요《シポヨ》.

金運をアップするにはどうしたらいいですか?

금전운을《クムジョヌヌル》 높이려면《ノピリョミョン》 어떡해요《オットケヨ》?

彼氏との相性が気になります。

남친과의《ナムチングァエ》 궁합이《クンハビ》 궁금해요《クングメヨ》.

厄払いの方法を教えてください。

액땜《エクテム》 방법을《パンボブル》 알려《アルリョ》 주세요《ジュセヨ》.

ため口 しし座はいいことがたくさんあるって。

사자자리는《サジャジャリヌン》 좋은《チョウン》 일들이《イルドゥリ》 넘친대《ノムチンデ》.

ため口 ラッキーカラーは赤だって。

럭키《ロクキ》 컬러는《コルロヌン》 빨간색이래《ッパルガンセギレ》.

観光する・遊ぶ

観劇

〇〇さんの出ている公演が見たいです。

〇〇《〇〇》 씨가《ッシガ》 나오는《ナオヌン》 공연을《コンヨヌㇽ》 보고《ポゴ》 싶어요《シポヨ》.

有名なミュージカルですね。

유명한《ユミョンハン》 뮤지컬이네요《ミュジコリネヨ》.

入れ替え
「演劇ですね」
연극이네요ヨングギネヨ

ノンバーバル公演はありませんか？

넌버벌《ノンボボㇽ》 공연이《コンヨニ》 없어요《オㇷ゚ソヨ》?

＊セリフを使わない公演のこと。

休憩時間ありますよね？

휴식《ヒュシㇰ》 시간이《シガニ》 있죠《イッチョ》?

漢字語
휴식 시간ヒュシㇰ シガン（休息時間）

主演俳優は誰ですか？

주연《チュヨン》 배우가《ベウガ》 누구예요《ヌグエヨ》?

ダンスも歌も上手ですね。

춤도《チュㇺド》 노래도《ノレド》 잘하네요《チャラネヨ》.

伝統音楽の公演は初めて見ました。

전통 음악의 공연을 처음 봤어요.

チョントン　ウマゲ　コンヨヌル　チョウム　ポァッソヨ

伝統音楽は初めて聴きました。

전통 음악을 처음 들었어요.

チョントン　ウマグル　チョウム　トゥロッソヨ

ちょっと眠かったですがおもしろかったです。

살짝 졸렸지만 재미있었어요.

サルチャク　チョルリョッチマン　チェミイッソッソヨ

迫力があって感動的でした。

활기차고 감동적이었어요.

ファルギチャゴ　カムドンジョギオッソヨ

入れ替え
「衝撃的でした」
충격적이었어요チュンギョク
チョギオッソヨ

機会があったらまた見たいです。

기회가 있으면 다시 보고 싶어요.

キフェガ　イッスミョン　タシ　ポゴ　シポヨ

ため口 サムルノリ、ほんとすごい。

사물놀이 진짜 대박.

サムルロリ　チンチャ　テバク

＊**사물놀이**サムルロリは、農村に伝わる豊作を願う伝統音楽を舞台用にアレンジした現代音楽。

ため口 こんなにおもしろいとは思わなかった。

이렇게 재미있는 줄 몰랐어.

イロケ　チェミインヌン　ジュル　モルラッソ

文化体験

韓屋村で宿泊したいです。

한옥마을에서《ハノンマウレソ》 숙박하고《スㇰパカゴ》 싶어요《シポヨ》.

＊한옥마을ハノンマウㇽは、韓屋と呼ばれる伝統的な作りの民家が多く残る地域。

韓服を貸してくれるお店に行きましょう。

한복을《ハンボグㇽ》 빌려주는《ピㇽリョジュヌン》 가게에《カゲエ》 가요《カヨ》.

＊チマチョゴリなどの伝統衣装を「한복ハンボㇰ(韓服)」という。

文化体験プログラムがありますか?

문화《ムヌァ》 체험《チェホㇺ》 프로그램이《プログレミ》 있어요《イッソヨ》?

パンソリ体験コースにします。

판소리《パンソリ》 체험《チェホㇺ》 코스로《コスロ》 할게요《ハㇽケヨ》.

＊판소리パンソリは、物語性のある歌と打楽器の演奏による伝統芸能。

キムチを作ってみたいです。

김치를《キㇺチルㇽ》 담가《タㇺガ》 보고《ボゴ》 싶어요《シポヨ》.

⇔直訳
「キムチを漬けてみたいです」

国楽院でチャングをたたいてみました。

국악원에서《クガグォネソ》 장구를《チャングルㇽ》 쳐《チョ》 봤어요《ボァッソヨ》.

＊장구チャングは日本の鼓より大きい打楽器。

韓国の伝統文化といえばなんですか?

한국《ハングㇰ》 전통문화《チョントンムヌァ》 하면《ハミョン》 뭐가《ムォガ》 있어요《イッソヨ》?

韓紙工芸などに興味があります。

한지《ハンジ》 공예《ゴンイェ》 등에《ドゥンエ》 관심이《クァンシミ》 있어요《イッソヨ》.

＊**한지 공예**ハンジ　ゴンイェとは、和紙のような伝統的な韓紙を使って、箱や扇子などを作るもの。

農村のホームステイについて知りたいです。

농촌《ノンチョン》 민박에《ミンバゲ》 대해서《テヘソ》 알고《アルゴ》 싶어요《シポヨ》.

漢字語
민박ミンバㇰ（民泊）

日程と費用を教えてください。

일정과《イルチョングァ》 비용을《ピヨンウル》 알려《アルリョ》 주세요《ジュセヨ》.

民俗村に行きたいです。

민속촌에《ミンソㇰチョネ》 가《カ》 보고《ボゴ》 싶어요《シポヨ》.

ため口 本格的に習いたくなった。

본격적으로《ポンキョㇰチョグロ》 배우고《ペウゴ》 싶어졌어《シポジョッソ》.

ため口 私もやってみたい。

나도《ナド》 해《ヘ》 보고《ボゴ》 싶어《シポ》.

観光する・遊ぶ

スポーツ観戦

今日、サッカーの試合はありますか?

오늘《オヌル》 축구《チュクク》 시합이《シハビ》 있어요?《イッソヨ》

入れ替え
「バスケットボール」
농구ノング
「ラグビー」
럭비ロッピ

プロ野球の試合が見たいです。

프로《プロ》 야구《ヤグ》 시합을《シハブル》 보고《ポゴ》 싶어요.《シポヨ》

どこのチームのファンですか?

어느《オヌ》 팀의《ティメ》 팬이에요?《ペニエヨ》

*팬ペンは英語の「fan」。

試合に負けて悔しいです。

시합에《シハベ》 져서《チョソ》 분해요.《プネヨ》

応援Tシャツが欲しいです。

응원《ウンウォン》 티셔츠《ティショチュ》를《ルル》 갖고《カッコ》 싶어요.《シポヨ》

入れ替え
「タオル」
수건スゴン

どっちが勝っていますか?

어느《オヌ》 쪽이《ッチョギ》 이기고《イギゴ》 있어요?《イッソヨ》

圧勝でしたね。

압승이었네요.《アプスンイオンネヨ》

完敗でした。

완패였어요.《ワンペヨッソヨ》

わずかな差で負けました。

근소한《クンソハン》 **점수**《チョムス》 **차이로**《チャイロ》 **졌어요.**《チョッソヨ》

漢字語
근소《クンソ》 (僅少)

ルールを教えてください。

룰을《ルルル》 **알려**《アルリョ》 **주세요.**《ジュセヨ》

ため口 がんばれ！

이겨라!《イギョラ》

直訳
「勝て！」

ファイト！ **파이팅!**《パイティン》	ゴール！ **골!**《コル》
シュート！ **슛!**《シュッ》	勝った！ **이겼다!**《イギョッタ》

ビーチ

海水浴場でバーベキューしましょう。

해수욕장에서《ヘスヨㇰチャンエソ》 바베큐합니다《パベキュハㇷ゚シダ》.

入れ替え
「花火」
불꽃놀이プㇽコンノリ

水着持ってきましたか?

수영복《スヨンボㇰ》 가져왔어요《カジョワッソヨ》?

漢字語
수영복ㇲヨンボㇰ（水泳服）

タオルを借りられますか?

수건을《スゴヌㇽ》 빌릴《ピㇽリㇽ》 수《ス》 있어요《イッソヨ》?

入れ替え
「浮き輪を」
튜브를トゥブㇽㇽ
「レジャーマットを」
돗자리를トッチャリㇽㇽ

ここで泳いでもいいですか?

여기서《ヨギソ》 헤엄쳐도《ヘオㇺチョド》 돼요《トェヨ》?

入れ替え
「水遊びしても」
물놀이해도ㇺㇽロリヘド

日差しがとても強いです。

햇빛이《ヘッピチ》 너무《ノㇺ》 강해요《カンヘヨ》.

入れ替え
「焼けつくようです」
따가워요ッタガウォヨ

どこでシャワーを使えますか?

어디서《オディソ》 샤워할《シャウォハㇽ》 수《ス》 있어요《イッソヨ》?

背中に日焼け止めを塗ってください。

등에 선크림 발라 주세요.

トゥンエ　ソンクリム　パルラ　ジュセヨ

＊선크림ソンクリムは英語で「sun cream」。

顔が少し焼けました。

얼굴이 좀 탔어요.

オルグリ　チョム　タッソヨ

入れ替え
「肩が」
어깨가オッケガ
「体が」
몸이モミ

おぼれないように気を付けてください。

물에 빠지지 않도록 조심해요.

ムレ　ッパジジ　アントロク　チョシメヨ

ケータイ落とさないでね！

폰 떨어뜨리지 마!

ポン　ットロットゥリジ　マ

ため口 サーフィンもできるし。

파도타기도 할 수 있고.

パドタギド　ハル　ス　イッコ

＊파도타기パドタギは直訳で「波乗り」。

入れ替え
「パラセーリング」
패러세일링ペロセイルリン

ため口 海も空もすごくきれい！

바다도 하늘도 너무 예뻐!

パダド　ハヌルド　ノム　イェッポ

ため口 暑くて動けない。

더워서 못 움직이겠어.

トウォソ　モ　ドゥムジギゲッソ

観光する・遊ぶ

登山・ハイキング

北《プ》岳《ガク》山《サン》に登るのはどうですか?

북악산을 오르는 게 어때요?

プガㇰサヌㇽ　オルヌン　ゲ　オッテヨ

＊**북악산**プガㇰサンはソウル鍾路区の景福宮北側にある山で、高さは約342m。

初心者でも登れますか?

초보자도 올라갈 수 있어요?

チョボジャド　オルラガㇽ　ス　イッソヨ

登山靴がなくても大丈夫です。

등산화가 없어도 괜찮아요.

トゥンサヌァガ　オㇷ゚ソド　クェンチャナヨ

入れ替え
「防水機能が」
방수 기능이パンス　キヌンイ

この先にぬかるみがあります。

앞쪽에 진흙밭이 있어요.

アㇷ゚チョゲ　チヌㇰパチ　イッソヨ

頂上まであとどのくらいですか?

정상까지 얼마나 남았어요?

チョンサンカジ　オルマナ　ナマッソヨ

直訳
「頂上までどのくらい残りましたか?」

地図を見てみましょう。

지도 좀 봅시다.

チド　チョㇺ　ポㇷ゚シダ

ついにてっぺんに来ましたね。

마침내 꼭대기에 올라섰네요.

マチㇺネ　ッコㇰテギエ　オㇽラソンネヨ

入れ替え
「ようやく」
겨우キョウ

紅葉がきれいでしょうね。

단풍이 예쁠 것 같아요.

タンプンイ　イェップㇽ　コッ　カタヨ

入れ替え
「雪景色が」
설경이ソㇽギョンイ

ロッククライミングに行きましょうか?

암벽 등반하러 갈까요?

アㇺビョㇰ　トゥンバナロ　ガㇽカヨ

漢字語
암벽 등반アㇺビョㇰ　トゥンバン (岩壁登攀)

入れ替え
「ハイキングに」
하이킹을ハイキンウㇽ

岩が険しいですね。

암벽이 가파르군요.

アㇺビョギ　カパルグニョ

入れ替え
「滑りますね」
미끄럽군요ミックロㇷ゚クニョ

降りる時の方が危ないですよ。

내려갈 때 더 조심해야 돼요.

ネリョガㇽ　ッテ　ト　チョシメヤ　ドェヨ

直訳
「降りる時、さらに気を付けなければなりません」

疲れたので少し休みましょう。

힘드니까 쉬었다 갑시다.

ヒㇺドゥニッカ　スィオッタ　カㇷ゚シダ

ため口 下を見るとこわい。

아래를 보면 무서워져.

アレルㇽ　ポミョン　ムソウォジョ

知っ得!

サツマイモな映画と、サイダーな映画

最近の韓国映画には、いばりちらす上司や不正まみれの権力に一度はやられた主人公が、爽快に逆襲するというストーリーが多く、「사이다 전개サイダ　チョンゲ（サイダー展開）」という名前がついて好まれています。逆に、そうした上司や権力にやられっぱなしで답답하다タㇷ゚タパダ(イライラする)な状態を고구마コグマ(サツマイモ)と言います。サツマイモを食べるとのどに詰まって苦しくなることに例えた表現です。

「サイダー展開」は気持ちが晴れ晴れして気分がよくなりますが、実生活では上司に言い返すことも権力に逆らうこともできない現実に対する「代理満足」だという批判もあります。

ひと昔前までは、職場の逆境に対し主人公が努力と友情で克服しその過程で成長していく、という物語が多く作られ、観客たちに支持されていました。しかしそれがウケなくなったのです。その原因を最近の流行語から探ってみましょう。

금수저クㇺスジョ：금수저(金のスプーン)をくわえて生まれてきた人、つまり裕福な家の生まれの人のこと。

갑질カㇷ゚チㇽ：上(甲カㇷ゚)下(乙ウㇽ)関係において上に立つものが傍若無人にふるまうこと。

노력충ノリョㇰチュン：直訳すると努力虫。成功できないことを本人の努力不足のせいにし精神論を唱える人のこと。

これらの言葉からは、階級社会が固定化してしまい、どんなに努力しても報われないという厳しい現実が見えてきます。創作の中だけでも갑질カㇷ゚チㇽや금수저クㇺスジョたちに一泡吹かせたいという願望から生まれたのが「サイダー展開」だと言えるでしょう。

8

場面別

エステ・メイク

アカスリ①

アカスリしたことありますか?

때밀이 해 본 적이 있어요?

ッテミリ　ヘ　ボン　ジョギ　イッソヨ

どうやって**アカ**スリしますか?

때는 어떻게 밀어요?

ッテヌン　オットケ　ミロヨ

直訳
「アカはどうやってこすりますか?」。石けんをつけずにこする。

銭湯へ行ってみましょうか?

목욕탕에 가 볼까요?

モギョクタンエ　カ　ボルカヨ

漢字語
목욕탕モギョクタン (沐浴湯)
＊地元の人が通う銭湯 (モギョクタン) でもアカスリができる。

アカスリは**初めて**です。

때밀이 처음이에요.

ッテミリ　チョウミエヨ

アカスリしてください。

때를 밀어 주세요.

ッテルル　ミロ　ジュセヨ

直訳
「アカをこすってください」

アカスリの**料金**はいくらくらいですか?

때밀이 요금은 얼마 정도 해요?

ッテミリ　ヨグムン　オルマ　チョンド　ヘヨ

パックまですると時間が相当かかりますか?

팩까지《ペㇰカジ》 하면《ハミョン》 시간이《シガニ》 많이《マニ》 걸려요《コㇽリョヨ》?

＊アカスリのほかに、パックもしてもらえる。ヨーグルトや牛乳を使う場合が多い。

全身マッサージを追加してください。

전신《チョンシン》 마사지를《マサジルㇽ》 추가해《チュガヘ》 주세요《ジュセヨ》.

入れ替え
「フェイシャル」
얼굴《オルグル》

パックもしてください。

팩도《ペㇰト》 해《ヘ》 주세요《ジュセヨ》.

痛くないですか?

안 아파요《アナパヨ》?

痛いです!

아파요《アパヨ》!

ため口 私もつるつるお肌になるかな?

나도《ナド》 매끈매끈한《メックンメックナン》 피부가《ピプガ》 될까《トェルカ》?

ため口 ひりひりしない?

따갑지《ッタガㇷ゚チ》 않니《アンニ》?

アカスリ②

私は肌が弱いです。

저는《チョヌン》 피부가《ピブガ》 약해요《ヤケヨ》.

漢字語
피부《ピブ》 (皮膚)

やさしくこすってください。

살살《サルサル》 밀어《ミロ》 주세요《ジュセヨ》.

入れ替え
「強く」
세게《セゲ》
「軽く」
가볍게《カビョプケ》

背中をこすりましょうか?

등을《トゥンウル》 밀어《ミロ》 드릴까요《ドゥリルカヨ》?

背中をこすってください。

등《トゥン》 좀《チョム》 밀어《ミロ》 주세요《ジュセヨ》.

入れ替え
「腕」
팔《パル》
「脚」
다리《タリ》

アカスリしてさっぱりしました。

때를《ッテルル》 밀어서《ミロソ》 시원해요《シウォネヨ》.

入れ替え
「爽快です」
상쾌해요《サンクェヘヨ》

お肌もすごくきれいになったと思います。

피부도《ピブド》 훨씬《フォルシン》 좋아진《チョアジン》 것《ゴッ》 같아요《カタヨ》.

アカスリタオルを買いたいです。

때밀이《ッテミリ》 타올을《タオルル》 사고《サゴ》 싶어요《シポヨ》.

＊**이태리 타올**イテリ タオル（イタリアタオル）ともいう。1960年代に釜山の工場で開発された時に、イタリアから輸入した糸を使ったからと言われている。

アカスリ手袋が人気です。

때밀이《ッテミリ》 장갑이《チャンガビ》 인기가《インキガ》 많아요《マナヨ》.

＊手袋のような五本指のアカスリタオルもある。

ため口 アカがたくさん出て恥ずかしかった。

때가《ッテガ》 많이《マニ》 나와서《ナワソ》 창피했어《チャンピヘッソ》.

ため口 全身真っ赤。

온몸이《オンモミ》 빨개졌네《ッパルゲジョンネ》.

＊「全身」は漢字語で**전신**チョンシンだが、**온몸**オンモムは漢字語ではない言い方。

ため口 アカスリしたあとはシケが最高！

때밀이《ッテミリ》 하고《ハゴ》 나면《ナミョン》 식혜가《シケガ》 최고《チェゴ》!

アカスリ

식혜シケは、お米を発酵させて冷やして飲む韓国伝統の飲み物で、チムジルバンなどでの代表的な飲み物。アルコール分は含みません。「アカスリ」を意味する때밀이ッテミリは、「アカ」を意味する때ッテと「押す、こする」といった意味の動詞、밀다ミルダを合わせた単語。お湯に10～15分くらい浸かって、肌を柔らかくしてから始めます。アカスリの料金は場所によって千差万別です。さらにフェイスパックやマッサージの追加料金もあるので、事前に確認しておくといいでしょう。

エステ・メイク

ハンジュンマク・チムジルバン①

チムジルバンに何を持っていったらいいですか?

찜질방《ッチㇺジㇽバン》 필수품에《ピルスプメ》 뭐가《ムォガ》 있어요?《イッソヨ》

漢字語
필수품ピㇽスプㇺ（必需品）

直訳
「チムジルバンの必需品には何がありますか?」

手ぶらで行っても大丈夫です。

빈《ピン》 손으로《ソヌロ》 가도《カド》 괜찮아요.《クェンチャナヨ》

1回用シャンプーを買いたいです。

일《イ》 회용《ルェヨン》 샴푸를《シャㇺプルㇽ》 사고《サゴ》 싶어요.《シポヨ》

入れ替え
「リンスを」
린스를リンスルㇽ
「ローションを」
로션을ロショヌㇽ

服のサイズは何がありますか?

옷《オッ》 사이즈는《サイジュヌン》 어떻게《オットケ》 돼《トェ》 있어요?《イッソヨ》

＊チムジルバンでは専用の服に着替える。

サイズを小さいものに替えてください。

사이즈를《サイジュルㇽ》 작은《チャグン》 걸로《コルロ》 바꿔《パックォ》 주세요.《ジュセヨ》

入れ替え
「大きいものに」
큰 걸로クン ゴㇽロ

着替えてから休憩室で会いましょう。

옷《オッ》 갈아입고《カライㇷ゚コ》 휴게실에서《ヒュゲシレソ》 만나요.《マンナヨ》

＊男女で行く場合、着替えは別だが、その後合流できる。

腕輪の鍵で**清算**します。

漢字語
계산ケサン (計算)

팔찌《パㇽチ》 열쇠로《ヨㇽスェロ》 계산해요《ケサネヨ》.

チムジルバン、**ホント**に来たかったです。

찜질방《チㇺジㇽバン》 진짜《チンチャ》 오고《オゴ》 싶었어요《シポッソヨ》.

仮眠室で一休みしてきますね。

수면실에서《スミョンシレソ》 한숨《ハンスㇺ》 자고《チャゴ》 올게요《オㇽケヨ》.

カラオケまでありますね。

入れ替え
「ネットカフェ」
PC방ピシバン

노래방《ノレバン》까지《カジ》 있네요《インネヨ》.

食堂では何が食べられますか?

식당에서《シㇰタンエソ》 뭘《ㇺォㇽ》 먹을《モグㇽ》 수《ス》 있어요《イッソヨ》?

ゆでたまごはどこで売っていますか?

구운《クウン》 계란은《ゲラヌン》 어디서《オディソ》 팔아요《パラヨ》?

＊구운 계란クウン ゲランの直訳は「焼きたまご」だが、高温で作ったゆでたまごのこと。チムチルバンの定番おやつ。

麦飯石卵も食べてみたいです。

맥반석《メㇰパンソㇰ》 계란도《ケランド》 먹어《モゴ》 보고《ポゴ》 싶어요《シポヨ》.

エステ・メイク

ハンジュンマク・チムジルバン②

炭火の高温サウナに一度入りたいです。

숯불가마에 한번 들어가 보고 싶어요.

スップルガマエ ハンボン トゥロガ ボゴ シポヨ

＊**숯**スッは「炭」で、**불가마**プルガマは「高温サウナ」。

熱すぎて無理です。

너무 뜨거워서 못 있겠어요.

ノム ットゥゴウォソ モディッケッソヨ

直訳
못 있겠어요モ ディッケッソヨ「いられそうにありません」

サウナに長くいすぎちゃだめですよ。

사우나에 너무 오래 있지 마세요.

サウナエ ノム オレ イッチ マセヨ

直訳
「サウナにあまり長くいないでください」

思う存分汗をかいてきました。

실컷 땀을 빼고 왔어요.

シルコッ ッタムル ッペゴ ワッソヨ

入れ替え
「たくさん」
많이マニ

水風呂、気持ちいいです。

냉탕, 시원해요.

ネンタン シウォネヨ

漢字語
냉탕ネンタン（冷湯）

のどが渇きましたね。

목이 마르네요.

モギ マルネヨ

疲れがとれました。

피로가《ピロガ》 사라졌어요《サラジョッソヨ》.

⇔直訳
「疲労が消えました」

ここで1日中遊ぶことができますね。

여기서《ヨギソ》 하루《ハル》 종일《ジョンイル》 놀《ノル》 수《ス》 있겠네요《イッケンネヨ》.

漢字語
종일ジョンイル（終日）
＊家ではシャワーのみで、週に1～2度チムジルバンなどに行く人も多い。

終電を逃した時も利用できますね。

막차《マクチャ》 놓쳤을《ノチョッスル》 때도《ッテド》 이용할《イヨンハル》 수《ス》 있겠네요《イッケンネヨ》.

ため口 ゆうべチムジルバンに泊まったよ。

어젯밤에《オジェッパメ》 찜질방에서《ッチムジルバンエソ》 잤어《チャッソ》.

ため口 羊の頭をやってみたい。

양머리를《ヤンモリルル》 해《ヘ》 보고《ボゴ》 싶어《シポ》.

＊**양머리**ヤンモリは、羊の頭の形にタオルを巻いたもので、ドラマにもよく出てくる。

チムジルバン

사우나サウナは熱い蒸気を利用し、한증막ハンジュンマク（汗蒸幕）はドームの建物の下から火をたいて、床や壁を熱し、찜질방チムチルバンは黄土やゲルマニウムなどを熱して反射熱を利用したものをいいます。これらの複合的な健康ランドをまとめて、チムジルバンといっています。チムジルバンの多くが24時間営業なので、安価な宿泊施設として、終電を逃したサラリーマンや、バックパッカーなどの旅行客がよく利用しています。

エステ・メイク

フットケア

ずいぶん歩き回って**足が**痛いです。

많이《マニ》 돌아다녀서《トラダニョソ》 발이《パリ》 아파요《アパヨ》.

入れ替え
「かかとが」
발꿈치가パルクムチガ

フットケア40分、お願いします。

발관리《パルグァルリ》 사십《サシプ》 분《プン》 부탁합니다《プタカムニダ》.

漢字語
관리グァルリ (管理)

リンパマッサージを追加してもらえますか?

림프《リムプ》 마사지를《マサジルル》 추가해《チュガヘ》 주시겠어요《ジュシゲッソヨ》?

フットケア、いくらですか?

풋케어《プッケオ》 얼마예요《オルマエヨ》?

＊**풋케어**プッケオは英語で「foot care」。

2人一緒にマッサージ受けられますか?

두《トゥ》 명《ミョン》 같이《カチ》 마사지《マサジ》 받을《パドゥル》 수《ス》 있어요《イッソヨ》?

入れ替え
「彼氏と」
남친이랑ナムチニラン

どれくらい時間がかかりますか?

얼마나《オルマナ》 시간이《シガニ》 걸립니까《コルリムニッカ》?

もっと強く押してください。

더《ト》 세게《セゲ》 눌러《ヌルロ》 주세요《ジュセヨ》.

鼻炎にも効きますか?

비염에도《ピヨメド》 효과가《ヒョグァガ》 있어요《イッソヨ》?

胃腸がよくありません。

위장이《ウィジャンイ》 안《アン》 좋아요《ジョアヨ》.

押して痛いところはありますか?

누르면《ヌルミョン》 아픈《アプン》 곳이《ゴシ》 있어요《イッソヨ》?

確かによく効きます。

直訳「確実に効果を感じます」

확실히《ファクシリ》 효과를《ヒョグァルル》 느껴요《ヌッキョヨ》.

ため口 気持ちいい!

시원해《シウォネ》!

ため口 押すだけでも気持ちいい。

눌러《ヌルロ》 주기만《ジュギマ》 해도《ネド》 시원해《シウォネ》.

エステ・メイク

マッサージ

マッサージお願いします。

마사지 부탁합니다.
마사지《マサジ》 부탁합니다《プタカㇺニダ》

マッサージ用の服に着替えてください。

마사지 옷으로 갈아입으세요.
마사지《マサジ》 옷으로《オスロ》 갈아입으세요《カライブセヨ》

どこが一番具合が悪いですか？

어디가 제일 아프세요?
어디가《オディガ》 제일《チェイㇽ》 아프세요《アプセヨ》

⇔直訳
아프세요アプセヨ「痛いですか」。「具合が悪い」の意味もある。

うつぶせになってください。

엎드려 누우세요.
엎드려《オㇷ゚トゥリョ》 누우세요《ヌウセヨ》

あお向けで寝てください。

똑바로 누우세요.
똑바로《ットㇰパロ》 누우세요《ヌウセヨ》

強くしてください。

세게 해 주세요.
세게《セゲ》 해《ヘ》 주세요《ジュセヨ》

入れ替え
「弱く」
약하게ヤカゲ

腰痛がひどいです。

허리 통증이 심해요.

ホリ　トゥンチュンイ　シメヨ

入れ替え
「肩こりが」
어깨 결림이
オッケ　ギョルリミ
「むくみが」
붓기가プッキガ

腰を強く押してください。

허리를 세게 눌러 주세요.

ホリルル　セゲ　ヌルロ　ジュセヨ

入れ替え
「肩を」
어깨를オッケルル

ふくらはぎがぱんぱんにはっています。

종아리가 팽팽하게 당겨요.

チョンアリガ　ペンペンハゲ　タンギョヨ

入れ替え
「太ももが」
허벅지가ホボクチガ

オイルが目にしみます。

오일때무에 눈이 따가워요.

オイルテムネ　ヌニ　ッタガウォヨ

くすぐったいです。

간지러워요.

カンジロウォヨ

鍼《はり》をしましょうか?

침을 놓을까요?

チムル　ノウルカヨ

入れ替え
「お灸を」
뜸을ットゥムル

はい、お願いします。	**いいえ、結構です。**
네, 부탁합니다.	**아뇨, 됐어요.**
ネ　プタカムニダ	アニョ　トェッソヨ

エステ・メイク

エステ

よい**エステサロン**を教えてください。

좋은《チョウン》 피부관리샵을《ピブグァルリシャブル》 알려《アルリョ》 주세요《ジュセヨ》.

基本コースのみにします。

기본적인《キボン ジョギン》 관리만《クァルリマン》 받을게요《パドゥルケヨ》.

入れ替え
「フェイシャル」
얼굴《オルグル》
「背中」
등《トゥン》

ボディエステをお願いします。

바디《パディ》 쪽《ッチョク》 관리를《クァルリルル》 부탁해요《プタケヨ》.

オイリー肌だと思います。

지성《チソン》 피부인《ピブイン》 것《ゴッ》 같은데요《カトゥンデヨ》.

入れ替え
「乾燥」
건성《コンソン》

最近肌がとても**乾燥**します。

요즘《ヨジュム》 피부가《ピブガ》 엄청《オムチョン》 건조해요《コンジョヘヨ》.

入れ替え
「荒れます」
까칠까칠해요《ッカチルカチレヨ》

すぐに**化粧**崩れします。

화장도《ファジャンド》 무너지기《ムノジギ》 쉬어요《スィオヨ》.

肌が敏感な方です。

피부가 예민한 편이에요.

ピブガ　イェミナン　ピョニエヨ

漢字語
예민イェミン（鋭敏）

ベルベットマスクをしてください。

벨벳 마스크를 해 주세요.

ペルベン　マスクルル　ヘ　ジュセヨ

＊**벨벳 마스크**ペルベン　マスクは肌がベルベットのようになめらかになるパック。

リンパマッサージが本当によかったです。

림프 마사지가 정말 좋았어요.

リムプ　マサジガ　チョンマル　チョアッソヨ

入れ替え
「角質除去が」
각질 제거가カクチル　ジェゴガ
「保湿エステが」
보습 관리가ポスプ　クァルリガ

顔のむくみがとれたみたいです。

얼굴 붓기가 빠진 것 같아요.

オルグル　プッキガ　ッパジン　ゴッ　カタヨ

肌が確かにしっとりしました。

피부가 확실히 촉촉해졌어요.

ピブガ　ファクシリ　チョクチョケジョッソヨ

入れ替え
「白くなりました」
하얘졌어요ハイェジョッソヨ

ため口 今回の旅の目的はエステ！

이번 여행의 목적은 피부관리!

イボン　ヨヘンエ　モクチョグン　ピブグァルリ

漢字語
여행ヨヘン（旅行）

ため口 肌がつるつる！

피부가 매끈매끈!

ピブガ　メックンメックン

エステ・メイク

韓医院

韓方薬を処方してください。

한약 지어 주세요.

ハニャク　チオ　ジュセヨ

漢字語
한약ハニャク（韓薬）

パックに入っているのがありますよね?

팩으로 된 한약이 있죠?

ペグロ　トェン　ハニャギ　イッチョ

＊煮出して飲み薬にしたものを1回分ずつの個別パウチにしてくれる。

鍼《はり》をやりたいです。

침을 맞고 싶어요.

チムル　マッコ　シポヨ

ダイエットにいい韓方薬が欲しいです。

다이어트에 좋은 한약을 사고 싶어요.

タイオトゥエ　チョウン　ハニャグル　サゴ　シポヨ

入れ替え
「冷え性に」
냉증에ネンチュンエ
「肌に」
피부에ピブエ

日本に送ってもらえますか?

일본으로 보내 주실 수 있어요?

イルボヌロ　ポネ　ジュシル　ス　イッソヨ

母に体にいいものを送りたいのですが。

어머님께 보약을 지어 드리려고요.

オモニムケ　ポヤグル　チオ　ドゥリリョゴヨ

漢字語
보약ポヤク（補薬）。体力をつけたり体質を改善したりするための漢方薬。

更年期の症状がひどいです。

갱년기《ケンニョンギ》 **증상이**《チュンサンイ》 **심해요**《シメヨ》.

入れ替え
「便秘」
변비ピョンビ
「高血圧」
고혈압コヒョラプ

手足の冷えにいい韓方薬はありますか?

수족냉증에《スジョンネンチュンエ》 좋은《チョウン》 한약이《ハニャギ》 있어요《イッソヨ》?

漢字語
수족냉증スジョンネンチュン
(手足冷症)

慢性疲労を解消したいです。

만성《マンソン》 **피로를**《ピロルル》 해결하고《ヘギョラゴ》 싶어요《シポヨ》.

入れ替え
「不眠症を」
불면증을プルミョンチュンウル

疲れている時、耳鳴りがします。

피곤할《ピゴナル》 **때**《ッテ》 귀가《クィガ》 울려요《ウルリョヨ》.

妊娠中ですが韓方薬を飲んでもいいですか?

임신《イムシン》 **중인데**《ジュンインデ》 한약을《ハニャグル》 먹어도《モゴド》 돼요《トェヨ》?

入れ替え
「風邪薬を飲んでいますが」
감기약을《カムギヤグル》 **먹고**《モクコ》 **있는데**《インヌンデ》

あまり苦くないといいです。

너무《ノム》 쓰지《ッスジ》 않았으면《アナッスミョン》 해요《ヘヨ》.

一日に**何回**飲みますか?

하루에《ハルエ》 **몇**《ミョッ》 **번**《ポン》 먹어요《モゴヨ》?

エステ・メイク

ヘアサロン

こういうスタイルは私に似合いますか?

이런《イロン》 스타일이《スタイリ》 나에게《ナエゲ》 어울릴까요?《オウルリルカヨ》

はやりのスタイルはどういうのですか?

유행하는《ユヘンハヌン》 스타일이《スタイリ》 어떤《オットン》 거예요?《ゴエヨ》

肩の長さで切ってください。

어깨《オッケ》 길이로《キリロ》 잘라《チャルラ》 주세요.《ジュセヨ》

入れ替え
「あごの長さで」
턱《トク》 길이로《キリロ》

レイヤーを入れてください。

층을《チュンウル》 내《ネ》 주세요.《ジュセヨ》

漢字語
층《チュン》 (層)

(写真を見せて) こういうふうにしてください。

이렇게《イロケ》 해《ヘ》 주세요.《ジュセヨ》

パーマをしたいです。

파마를《パマルル》 하고《ハゴ》 싶어요.《シポヨ》

入れ替え
「ウェーブパーマを」
웨이브파마를《ウェイブパマルル》
「カラーを」
염색을《ヨムセグル》

髪を伸ばしています。

머리《モリ》 기르는《キルヌン》 중이에요.《ジュンイエヨ》

＊머리モリは頭と髪、両方の意味で使う。

軽くそろえてください。

살짝《サルチャク》 다듬어《タドゥモ》 주세요.《ジュセヨ》

入れ替え
「切って」
잘라チャルラ

明るい茶色に染めてください。

밝은《パルグン》 갈색으로《カルセグロ》 염색해《ヨムセケ》 주세요.《ジュセヨ》

入れ替え
「濃い」
짙은チトゥン

左側で分けてください。

가르마는《カルマヌン》 왼쪽으로《ウェンチョグロ》 해《ヘ》 주세요.《ジュセヨ》

入れ替え
「右側で」
오른쪽으로オルンチョグロ

直訳
「分け目は左側にしてください」

前髪は眉毛にかかるくらいでお願いします。

앞머리는《アムモリヌン》 눈썹《ヌンソプ》 덮는《トムヌン》 정도로요.《ジョンドロヨ》

きれいに髪をセットしてください。

예쁘게《イェップゲ》 머리《モリ》 세팅해《セティンヘ》 주세요.《ジュセヨ》

アップにしてください。

올림머리를《オルリムモリルル》 해《ヘ》 주세요.《ジュセヨ》

エステ・メイク

ネイルサロン

ネイルがはがれてしまいました。

네일이《ネイリ》 **벗겨졌어요**《ポッキョジョッソヨ》**.**

この近くに**ネイルサロン**はありますか?

이《イ》 **근처에**《グンチョエ》 **네일샵이**《ネイㇽシャビ》 **있어요**《イッソヨ》**?**

＊ネイルサロンは通常、**네일샵**ネイㇽシャㇷ゚nail shopという。

ジェルネイルが上手なところがいいです。

젤네일을《チェルレイルㇽ》 **잘하는**《チャラヌン》 **곳이**《ゴシ》 **좋아요**《チョアヨ》**.**

料金表を見せてください。

가격표를《カギョㇰピョルㇽ》 **보여**《ポヨ》 **주세요**《ジュセヨ》**.**

漢字語

가격표カギョㇰピョ（価格表）

この**デザイン**はいくらですか?

이《イ》 **디자인이**《ティジャイニ》 **얼마예요**《オルマエヨ》**?**

ネイルエクステはいくらくらいかかりますか?

손톱연장《ソントㇺニョンジャン》 **하면**《ハミョン》 **얼마**《オルマ》 **정도**《ジョンド》 **들어요**《トゥロヨ》**?**

＊**손톱**ソントㇺは「爪」で、**연장**ヨンジャンは漢字で「延長」。ネイルは**손톱**ソントㇷ゚（爪）ともいう。

ジェルネイルのオフをお願いします。

젤네일《チェルレイル》 제거해《チェゴヘ》 주세요《ジュセヨ》.

漢字語
제거チェゴ（除去）。ネイルのオフは**쏙오프**ッソゴプ（英語のsoak off）ともいう。

基本ケアだけしてもらいたいです。

기본《キボン》 케어만《ケオマン》 받고《パッコ》 싶어요《シポヨ》.

爪を短めにカットしてください。

손톱을《ソントブル》 약간《ヤクカン》 짧게《ッチャルケ》 깎아《ッカッカ》 주세요《ジュセヨ》.

入れ替え
「長めに」
길게キルゲ

爪が欠けているところがあります。

손톱이《ソントビ》 부러진《プロジン》 부분이《プブニ》 있어요《イッソヨ》.

一番人気のあるデザインを見せてください。

가장《カジャン》 인기《インキ》 있는《インヌン》 디자인을《ティジャイヌル》 보여《ポヨ》 주세요《ジュセヨ》.

もう少しすっきりめのデザインがいいです。

좀《チョム》 더《ド》 깔끔한《ッカルクマン》 디자인이《ティジャイニ》 좋아요《チョアヨ》.

入れ替え
「おとなしい」
얌전한ヤムジョナン
「真面目な」
단정한タンジョンハン

ストーンをのせてください。

스톤을《ストヌル》 올려《オルリョ》 주세요《ジュセヨ》.

入れ替え
「ラメを」
반짝이를パンチャギルル

エステ・メイク

韓国式メイク

韓国式**メイク**に興味があります。

한국식 메이크업에 관심이 있어요.

ハングㇰシㇰ　メイクオベ　クァンシミ　イッソヨ

＊日本では「メイク」だが、韓国語では**메이크업**メイクオㇷ゚（makeup）という。

韓国のビューティー**番組**が好きです。

한국 뷰티 프로그램을 좋아해요.

ハングㇰ　ピュティ　プログレムㇽ　チョアヘヨ

＊テレビ番組を**프로그램**プログレムという。

日本の化粧と**韓国の化粧**は違いますね。

일본 화장과 한국 화장이 다르네요.

イㇽボン　ファジャングァ　ハングㇰ　ファジャンイ　タルネヨ

この**口紅**、試してみてもいいですか?

이 립스틱 발라 봐도 돼요?

イ　リㇷ゚スティㇰ　パㇽラ　ボァド　トェヨ

入れ替え
「チーク」
볼터치ポㇽトチ

ナチュラルなメイクがいいです。

내추럴한 메이크업이 좋아요.

ネチュロラン　メイクオビ　チョアヨ

目を**大きく**見せたいです。

눈이 커 보이게 하고 싶어요.

ヌニ　コ　ボイゲ　ハゴ　シポヨ

入れ替え
「かわいく」
예쁘게イェップゲ

目元をはっきり描いてください。

눈매를《ヌンメルル》 또렷하게《ットリョタゲ》 그려《クリョ》 주세요.《ジュセヨ》

まつ毛エクステが必須ですよね。

속눈썹《ソンヌンソプ》 연장이《ヨンジャンイ》 필수죠.《ピルスジョ》

化粧がちょっと濃いと思います。

화장이《ファジャンイ》 좀《チョム》 짙은《チトゥン》 것《ゴッ》 같아요.《カタヨ》

入れ替え
「薄い」
열은ヨトゥン

不自然じゃないですか?

부자연스럽지는《プジャヨンスロプチヌン》 않아요?《アナヨ》

今年流行の色はなんですか?

올해《オレ》 유행하는《ユヘンハヌン》 색깔이《セクカリ》 뭐예요?《ムォエヨ》

メイク

얼짱 메이크업オルチャン　メイクオプは얼짱オルチャン（얼굴이 짱オルグリ　ッチャン=顔が最高）のメイクという意味です。韓国ではかなり前に流行し、今では「昔のメイク」「なつかしい」ものになっており、あまり使われていない用語です。ところが、韓国以外の国で、「オルチャンメイク=韓国のきれいな化粧法」として人気で、「今年のオルチャンメイク」という使われ方をしています。韓国のお化粧の特徴といえば、きれいな肌。お店には透明感やツヤ肌のための保湿剤やベースメイクの化粧品が充実しています。

エステ・メイク

プチ整形・アートメイク

二重手術をしたいです。

쌍꺼풀《ッサンコプル》 수술을《ススルル》 받고《パッコ》 싶어요《シポヨ》.

入れ替え
「リフティングを」
리프팅을リプティンウル

予約なしで大丈夫ですか？

예약《イェヤ》 없이《ゴプシ》 가능한가요《カヌンハンガヨ》?

とりあえず、相談だけしたいです。

일단《イルタン》 상담만《サンダムマン》 받고《パッコ》 싶어요《シポヨ》.

漢字語
일단イルタン (一旦)

費用と効果を知りたいです。

비용과《ピヨングァ》 효과를《ヒョグァルル》 알고《アルゴ》 싶어요《シポヨ》.

入れ替え
「日程を」
일정을イルチョンウル

痛くはないですか？

아프지는《アプジヌン》 않아요《アナヨ》?

そのうち再手術をしなきゃいけませんか？

오래되면《オレドェミョン》 재수술을《チェススルル》 해야《ヘヤ》 돼요《ドェヨ》?

漢字語
재수술チェススル (再手術)

あごの先にフィラーを入れたらいくらですか?

턱끝 필러 하면 얼마예요?

トㇰクッ　ピㇽロ　ハミョン　オㇽマエヨ

入れ替え
「鼻」
코コ
「額」
이마イマ

鼻の手術したってわかりますか?

코 수술 티가 나요?

コ　ススㇽ　ティガ　ナヨ

手術後の手入れ方法を教えてください。

수술 후의 관리 방법을 알려 주세요.

ススㇽ　フエ　クァㇽリ　パンボブㇽ　アㇽリョ　ジュセヨ

漢字語
관리 방법クァㇽリ　パンボㇷ゚
(管理方法)

副作用はありませんか?

부작용이 없어요?

プジャギョンイ　オㇷ゚ソヨ

眉毛のアートメイクはどこがいいですか?

눈썹 문신은 어디서 하는 게 좋아요?

ヌンソㇺ　ムンシヌン　オディソ　ハヌン　ゲ　チョアヨ

＊**눈썹**ヌンソㇷ゚は「眉毛」、**문신**ムンシンは「入れ墨」の意味。

入れ替え
「アイライン」
아이라인アイライン

ため口 二重手術したでしょ!

너 쌍꺼풀 수술했지!

ノ　ッサンコプㇽ　ススレッチ

ため口 どこでやった?　私もやる。

어디서 했어? 나도 하게.

オディソ　ヘッソ　ナド　ハゲ

エステ・メイク

ダイエット

やせたいのですが。

살 빼고 싶은데요.

サル ッペゴ シプンデヨ

ダイエット中です。

다이어트 중입니다.

タイオトゥ ジュンイムニダ

太ももを細くしたいです。

허벅지를 날씬하게 하고 싶어요.

ホボクチルル ナルシナゲ ハゴ シポヨ

入れ替え
「二の腕を」
팔뚝을パルトゥグル

ダイエットに成功したことがありません。

다이어트에 성공한 적이 없어요.

タイオトゥエ ソンゴンハン ジョギ オプソヨ

続けられるダイエットがいいです。

계속할 수 있는 다이어트가 좋아요.

ケソカル ス インヌン タイオトゥガ チョアヨ

入れ替え
「効果がある」
효과가 있는ヒョグァガ インヌン

顔やせしたいです。

얼굴 축소를 하고 싶어요.

オルグル チュクソルル ハゴ シポヨ

漢字語
얼굴オルグル（顔）
축소チュクソ（縮小）

ダイエット**食品**を探しています。

다이어트 식품을 찾고 있어요.
다이어트《タイオトゥ》 식품을《シクプムル》 찾고《チャッコ》 있어요《イッソヨ》.

漢字語
식품《シクプム》（食品）

空腹感を感じなくなりますか？

공복감을 못 느끼게 해 줘요?
공복감을《コンボクカムル》 못《モン》 느끼게《ヌッキゲ》 해《ヘ》 줘요《ジョヨ》?

ダイエット**ベルト**を見せてください。

다이어트 벨트를 보여 주세요.
다이어트《タイオトゥ》 벨트를《ペルトゥルル》 보여《ポヨ》 주세요《ジュセヨ》.

入れ替え
「機器」
기기《キギ》

着用してみてもいいですか？

한번 착용해 봐도 돼요?
한번《ハンボン》 착용해《チャギョンヘ》 봐도《ボァド》 돼요《トェヨ》?

1ヶ月くらいで効果が出ますか？

한 달 정도 되면 효과를 볼 수 있어요?
한《ハン》 달《ダル》 정도《ジョンド》 되면《トェミョン》 효과를《ヒョグァルル》 볼《ポル》 수《ス》 있어요《イッソヨ》?

入れ替え
「1週間」
일주일《イルチュイル》

脂肪吸引手術は効果がありますか？

지방 흡입 수술이 효과 있어요?
지방《チバン》 흡입《フビプ》 수술이《ススリ》 효과《ヒョグァ》 있어요《イッソヨ》?

脂肪分解注射はいくらですか？

지방 분해 주사는 얼마예요?
지방《チバン》 분해《ブネ》 주사는《ジュサヌン》 얼마예요《オルマエヨ》?

＊脂肪分解注射はセルライトを溶かして脂肪減量を促進する注射で、ダイエット注射ともいう。

エステ・メイク

情報交換

化粧品のお役立ち情報、ください。

화장품《ファジャンプム》 꿀팁《ックルティプ》 좀《チョム》 주세요《チュセヨ》.

＊꿀팁《ックルティプ》の꿀《ックル》は「ハチミツ」、팁《ティプ》は英語の「tip」で、「ハチミツのように有益なヒント」という意味で使われる。

フェイスパックのおすすめを教えてください。

마스크팩《マスクペク》 좋은《チョウン》 거《ゴ》 추천해《チュチョネ》 주세요《ジュセヨ》.

入れ替え
「水分クリーム」
수분크림《スブンクリム》

パックすると化粧のノリがいいですよ。

팩하고나면《ペカゴナミョン》 화장이《ファジャンイ》 잘《チャル》 먹어요《モゴヨ》.

最近よく売れているファンデーションはどれですか?

요즘《ヨジュム》 잘《チャル》 팔리는《パルリヌン》 파운데이션이《パウンデイショニ》 어느《オヌ》 거예요《ゴエヨ》?

SNSで話題になっています。

SNS에서《エスエネスエソ》 화제가《ファジェガ》 되고《トェゴ》 있어요《イッソヨ》.

＊SNSは、에스엔에스《エスエネス》と読む。

一度使ってみてレビュー書きますね。

한번《ハンボン》 써《ッソ》 보고《ボゴ》 리뷰《リビュ》 올릴게요《オルリルケヨ》.

芸能人御用達のお店です。

연예인들이《ヨニェインドゥリ》 자주《チャジュ》 가는《カヌン》 가게예요《カゲエヨ》.

直訳
「芸能人たちがよく行くお店です」

日本語の商品紹介サイトがありますか?

일본어로《イルボノロ》 된《トェン》 상품소개《サンプㇺソゲ》 사이트가《サイトゥガ》 있어요《イッソヨ》?

40代におすすめの美容液はありますか?

사십《サシㇷ゚》 대가《テガ》 쓰기에《ッスギエ》 좋은《チョウン》 에센스《エセンス》 있어요《イッソヨ》?

*美容液は、앰플エㇺプㇽ、세럼セロㇺ、에센스エセンスなどと呼ばれる。

わかりやすい情報サイト、ありませんか?

알기《アルギ》 쉬운《スィウン》 정보《チョンボ》 사이트《サイトゥ》 없어요《オㇷ゚ソヨ》?

入れ替え
「商品レビュー」
상품 리뷰サンプㇺ リビュ

観光客向けのお店紹介サイトを教えてください。

관광객을《クァングァンゲグㇽ》 대상으로《テサンウロ》 한《ハン》 맛집《マッチㇷ゚》 사이트를《サイトゥルㇽ》 알려《アルリョ》 주세요《ジュセヨ》.

ちゃんとしたレビューが多いです。

믿을《ミドゥㇽ》 만한《マナン》 리뷰가《リビュガ》 많아요《マナヨ》.

直訳
「信じるに足るレビューが多いです」

友達が超おすすめと教えてくれたエステです。

친구가《チングガ》 강추해《カンチュヘ》 준《ジュン》 피부관리샵이에요《ピブグァㇽリシャビエヨ》.

*강추カンチュは「強力推薦」강력 추천カンニョㇰ チュチョンを省略した言葉。

知っ得!

日韓の体にまつわる慣用句

韓国のドラマや映画を見ていると、慣用句がたくさん出てきます。日本語と同じように、体にまつわる慣用句も多く、中には입이イビ（口が）가볍다カビョㇷ゚タ（軽い）＝口が軽い、눈이ヌニ（目が）높다ノプタ(高い)＝目が高いのように、日本語と同じ表現で同じ意味を表すものもありますが、体の部位がずれるものもあります。

例えば「知り合いが多い」といえば日本語では「顔が広い」と表現しますが、韓国語では발이 넓다パリ ノㇽタ(足が広い) となります。その人の顔を知っている人が多いと言うか、活動範囲(足を使って動き回る)が広いと表現するかの違いでしょう。

追い詰められた人は「お尻に火がつき」ます。韓国では발등에 불이 떨어진다パㇽトゥンエ プリ ットロジンダ(足に火が落ちる)となります。お尻であれ足であれ、「急ぎ」のイメージは日本でも韓国でも「火」なんですね。

次は、少し頭をひねらなければならない表現です。손이 크다ソニ クダ(手が大きい)は、どういう意味でしょう。お菓子をひとつかみずつ分ける様子を想像してみると、手の大きい人ほど1人分の量が多くなりますよね。손이 크다ソニ クダは「気前がいい」という意味です。もう一つ、코가 빠지다コガ ッパジダ(鼻が落ちる)はなんでしょうか。答えは「落ち込んで元気がなくなる」ことです。코가 세다コガ セダ(鼻っ柱が強い)、코가 높다コガ　ノㇷ゚タ(鼻にかける)のように、鼻＝코コが「気質」や「気勢」の象徴であるのは、日本と韓国で共通しているようです。

9

場面別

恋愛

恋愛

片思い

好きな人、いますか?

좋아하는《チョアハヌン》 사람이《サラミ》 있어요《イッソヨ》?

片思いです。

짝사랑이에요《ッチャㇰサランイエヨ》.

片思い3年目です。

삼《サム》 년째《ニョンチェ》 짝사랑《ッチャㇰサラン》 중이에요《ジュンイエヨ》.

直訳
「3年目の片思い中です」

笑顔に一目ぼれです。

웃는《ウンヌン》 얼굴에《オルグレ》 한눈에《ハンヌネ》 반했어요《パネッソヨ》.

入れ替え
「声に」
목소리에モㇰソリエ
「微笑に」
미소에ミソエ

無愛想な表情が魅力です。

뚱한《ットゥンハン》 표정이《ピョジョンイ》 매력이에요《メリョギエヨ》.

漢字語
매력メリョㇰ（魅力）

目が合ったみたいです。

눈이《ヌニ》 마주친《マジュチン》 것《ゴッ》 같아요《カタヨ》.

声をかけてみましたか?

말 걸어 봤어요?

マル　コロ　ボァッソヨ

あの人にとても会いたいです。

그 사람을 무척 보고 싶어요.

ク　サラムル　ムチョク　ポゴ　シポヨ

恋人がいるようです。

漢字語
애인エイン (愛人)

애인이 있는 것 같아요.

エイニ　インヌン ゴッ　カタヨ

失望したくありません。

漢字語
실망シルマン (失望)

실망하고 싶지 않아요.

シルマンハゴ　シプチ　アナヨ

このまま片思いを続けます。

이대로 짝사랑만 계속할게요.

イデロ　ッチャクサランマン　ケソカルケヨ

ため口 あの人のどこがいいの?

그 사람 어디가 좋아?

ク　サラム　オディガ　チョア

ため口 脈ありだと思うの。

漢字語
희망ヒマン (希望)

희망이 있는 것 같아.

ヒマンイ　インヌン ゴッ　カタ

恋愛

容姿について

どんな人が好みですか?

어떤《オットン》 스타일을《スタイルㇽ》 좋아해요?《チョアヘヨ?》

＊**스타일**《スタイㇽ》は英語の「style」だが、「好み」の意味でも使われる。

背の高い人がいいです。

키《キ》 큰《クン》 사람이《サラミ》 좋아요.《チョアヨ》

肩幅が魅力ですね。

넓은《ノルブン》 어깨가《オッケガ》 매력《メリョㇰ》 포인트죠.《ポイントゥジョ》

⇔直訳
「広い肩が魅力ポイントですね」

入れ替え
「長い脚が」
긴 다리가《キン タリガ》

目がキラキラしています。

눈빛이《ヌンビチ》 반짝반짝해요.《パンチャㇰパンチャケヨ》

イケメン系が好きです。

꽃미남《ッコンミナㇺ》 스타일을《スタイルㇽ》 좋아해요.《チョアヘヨ》

⇔直訳
「イケメンスタイルが好きです」

見た目は完璧です。

외모는《ウェモヌン》 완벽해요.《ワンビョケヨ》

漢字語
완벽《ワンビョㇰ》 (完璧)

オッパは何をしても格好いいです。

오빠는《オッパヌン》 뭘《ムオル》 해도《ヘド》 멋있어요《モシッソヨ》.

＊**오빠**《オッパ》は妹が兄を呼ぶ時の呼称だが、血縁関係がなくても、年上の男性に対して女性が親しみを込めて使う。

ハンサムです。

얼굴이《オルグリ》 잘생겼어요《チャルセンギョッソヨ》.

とても魅力的です。

아주《アジュ》 매력적이에요《メリョクチョギエヨ》.

本当に美人です。

정말《チョンマル》 미인이세요《ミイニセヨ》.

漢字語
미인《ミイン》(美人)

最初からくぎづけでした。

처음부터《チョウムブト》 눈을《ヌヌル》 뗄《ッテル》 수《ス》 없었어요《オプソッソヨ》.

直訳
「最初から目を離せませんでした」

ため口 私の好みじゃないけど。

내《ネ》 취향이《チュィヒャンイ》 아닌데《アニンデ》.

漢字語
취향《チュィヒャン》(趣向)

ため口 私の好みだわ！

딱《ッタン》 내《ネ》 스타일이야《スタイリヤ》!

＊「好み」の意味で、英語の**스타일**《スタイル》と漢字語の**취향**《チュィヒャン》(趣向)の両方とも使われる。

恋愛

性格について

どんな人か知っていますか?

어떤 사람인지 알아요?

オットン　サラミンジ　アラヨ

想像と違ったらどうしましょう?

상상과 다르면 어쩌죠?

サンサングァ　タルミョン　オッチョジョ

漢字語
상상サンサン（想像）

楽観的な人です。

낙관적인 사람이에요.

ナㇰクァンジョギン　サラミエヨ

入れ替え
「活発な」
활발한ファルバラン
「明るい」
명랑한ミョンナンハン

言うこと、なんでも聞いてくれます。

내가 원하는 걸 다 해 줘요.

ネガ　ウォナヌン　ゴル　タ　ヘ　ジョヨ

直訳
「私が望むことをすべてしてくれます」

彼氏はとてもしっかりした人です。

남친이 아주 든든한 사람이에요.

ナㇺチニ　アジュ　トゥンドゥナン　サラミエヨ

入れ替え
「親切な」
친절한チンジョラン
「男らしい」
남자다운ナㇺジャダウン

私にとてもやさしいです。

나한테 아주 잘해 줘요.

ナハンテ　アジュ　チャレ　ジョヨ

直訳
「私にとてもよくしてくれます」

口数が少なくてぶっきらぼうです。

말이《マリ》 없고《オプコ》 무뚝뚝해요《ムットゥクトゥケヨ》.

入れ替え
「おとなしいです」
얌전해요ヤムジョネヨ

少し自分勝手な面があります。

약간《ヤクカン》 이기적인《イギジョギン》 면이《ミョニ》 있어요《イッソヨ》.

漢字語
이기적イギジョク (利己的)

うちの夫は怒りっぽいです。

우리《ウリ》 남편이《ナムピョニ》 화를《ファルル》 잘《チャル》 내요《ネヨ》.

性格が合いません。

성격이《ソンキョギ》 안《アン》 맞아요《マジャヨ》.

入れ替え
「正反対です」
정반대예요チョンバンデエヨ

ため口 ハンサムだけど性格はイマイチ。

잘생기긴《チャルセンギギン》 했는데《ヘンヌンデ》 성격이《ソンキョギ》 별로야《ピョルロヤ》.

ため口 私を愛してくれる人ならそれでいい。

나를《ナルル》 사랑해《サランヘ》 주는《ジュヌン》 사람이면《サラミミョン》 돼《トェ》.

ため口 何よりいい人でなきゃ。

무엇보다《ムオッポダ》 착한《チャカン》 사람이어야《サラミオヤ》 해《ヘ》.

恋愛

不安とときめき

後姿を見るだけでキュンキュンします。

뒷모습만《トィンモスムマン》 봐도《ポァド》 심쿵해요《シムクンヘヨ》.

入れ替え
「その人」
그 사람《ク サラム》

胸が張り裂けそうです。

가슴이《カスミ》 터져《トジョ》 버릴《ボリル》 것《コッ》 같아요《カタヨ》.

その人に会うと1日が幸せになります。

그《ク》 사람《サラム》 보면《ポミョン》 하루가《ハルガ》 행복해져요《ヘンボケジョヨ》.

漢字語
행복《ヘンボク》 (幸福)

ため口 恋人がいるのかな。

애인이《エイニ》 있는지《インヌンジ》 궁금해《クングメ》.

直訳
「恋人がいるのか気になる」

漢字語
애인《エイン》 (愛人)

オッパに会うだけで胸がドキドキします。

오빠만《オッパマン》 보면《ポミョン》 가슴이《カスミ》 두근거려요《トゥグンゴリョヨ》.

入れ替え
「オッパのことを考えるだけで」
오빠만 생각하면《オッパマン センガカミョン》

オッパがうちに来るというのでウキウキします。

오빠가《オッパガ》 집에《チベ》 온다니까《オンダニッカ》 설레요《ソルレヨ》.

入れ替え
「笑うと」
웃으니까《ウスニッカ》

振られたら二度と立ち直れません。

차이면 다시는 일어설 수 없어요.

チャイミョン　タシヌン　イロソル　ス　オプソヨ

(相手の)本心がわかりません。

속마음을 알 수가 없어요.

ソンマウムル　アル　スガ　オプソヨ

＊속마음ソンマウムの속ソンは「中」、마음マウムは「心」という意味。

私の気持ちがバレたらどうしましょう。

내 마음을 들키면 어쩌죠.

ネ　マウムル　トゥルキミョン　オッチョジョ

私たちの関係が気まずくなると困ります。

漢字語
곤란コルラン(混乱)

우리 관계가 어색해지면 곤란해요.

ウリ　クァンゲガ　オセケジミョン　コルラネヨ

あいまいな関係くらいがいいです。

썸 타는 정도가 좋아요.

ッソム　タヌン　ジョンドガ　チョアヨ

＊썸ッソムは、英語の「something」からきた言葉で、「友達でもなく恋人でもない何か」を意味する。

ため口 その人が私に会ってくれるって!

그 사람이 나를 만나 준대!

ク　サラミ　ナルル　マンナ　ジュンデ

ため口 あなたの恋を応援するよ。

漢字語
연애ヨネ(恋愛)

너의 연애를 응원할게.

ノエ　ヨネルル　ウンウォナルケ

恋愛

告白・返事

私と付き合ってくれませんか?

저랑《チョラン》 사귀어《サグィオ》 주실래요《ジュシルレヨ》?

私もあなたが好きです。

저도《チョド》 당신을《タンシヌル》 좋아해요《チョアヘヨ》.

＊당신タンシンは「あなた」の意味だが、時に「お前」のニュアンスを帯びることもあり、通常は당신タンシンを使わず相手の名前を呼ぶ。

私が先に告白しようと思っていたのに。

제가《チェガ》 먼저《モンジョ》 고백하려고《コベカリョゴ》 했는데요《ヘンヌンデヨ》.

あなたのことを好きではありません。

그쪽을《クッチョグル》 좋아하지《チョアハジ》 않습니다《アンスムニダ》.

＊그쪽クッチョクは「そちら」という場所を表す単語だが、日本で「そちらさん」と言うように韓国語でも「あなた」を指すことがある。

ごめんなさい。あなたの気持ちを傷つけて。

미안해요《ミアネヨ》. 당신《タンシン》 마음을《マウムル》 아프게《アプゲ》 해서《ヘソ》.

ほかに好きな人がいます。

저《チョ》 따로《ッタロ》 좋아하는《チョアハヌン》 사람이《サラミ》 있어요《イッソヨ》.

ただの友達として好きです。

그냥《クニャン》 친구로서《チングロソ》 좋아해요《チョアヘヨ》.

入れ替え
「後輩として」
후배로서《フベロソ》

私の気持ちをわかってほしくて。

내《ネ》 마음을《マウムル》 알아《アラ》 줬으면《ジョッスミョン》 해서요《ヘソヨ》.

入れ替え
「立場を」
입장을《イプチャンウル》

振られてもあきらめません。

차여도《チャヨド》 포기《ポギ》 안《ア》 할게요《ナルケヨ》.

好きになってくれてありがとうございます。

나를《ナルル》 좋아해《チョアヘ》 줘서《ジョソ》 고마워요《コマウォヨ》.

ため口 **だめもとで告白してみる。**

밀져야《ミッチョヤ》 본전이니까《ポンジョニニッカ》 고백해《コベケ》 볼게《ボルケ》.

ため口 **私と付き合おうよ。**

나랑《ナラン》 사귀자《サグィジャ》.

ため口 **このまま友達でいようよ。**

이대로《イデロ》 친구로《チングロ》 지내자《チネジャ》.

直訳
「このまま友達として過ごそう」

恋愛

デート

私とデートしませんか?

나랑《ナラン》 데이트할래요《テイトゥハㇽレヨ》?

入れ替え
「食事」
식사シクサ

とても会いたかったです。

너무《ノム》 보고《ポゴ》 싶었어요《シポッソヨ》.

*日本人に比べて感情表現が派手な傾向がある(当然個人差がある)。

一緒に写真、撮りましょう。

같이《カチ》 사진《サジン》 찍어요《ッチゴヨ》.

手をつないでもいいですか?

손을《ソヌㇽ》 잡아도《チャバド》 돼요《ドェヨ》?

こうやって並んで歩くのが夢でした。

이렇게《イロケ》 나란히《ナラニ》 걷는《コンヌン》 게《ゲ》 꿈이었어요《ックミオッソヨ》.

私のこと、 どのくらい好きですか?

나를《ナルㇽ》 얼마만큼《オㇽママンクㇺ》 좋아해요《チョアヘヨ》?

*答える時は「空(の広さ)くらい하늘만큼ハヌㇽマンクㇺ」「(両手を広げて)これくらい이만큼イマンクㇺ」など。

私のどこが気に入ったんですか?

나의 어디가 마음에 들었어요?

ナエ　オディガ　マウメ　トゥロッソヨ

ゆったりした気分にしてくれるからです。

나를 편하게 해 주니까요.

ナルル　ピョナゲ　ヘ　ジュニッカヨ

一緒にいるとうれしいです。

같이 있으면 좋아요.

カチ　イッスミョン　チョアヨ

入れ替え
「幸せです」
행복해요ヘンボケヨ

100日記念のプレゼントです。

백일 기념 선물이에요.

ペギル　キニョム　ソンムリエヨ

＊韓国の恋人たちにとって、付き合い始めて100日目は大事な記念日。特別なイベントをしたりプレゼントをしあったりする。

ため口 待たせたね。

많이 기다렸지.

マニ　キダリョッチ

直訳
「たくさん待ったでしょ」

ため口 ううん、今来たところ。

아니, 나도 방금 왔어.

アニ　ナド　パングム　ワッソ

ため口 ペアリングしようか?

우리 커플링 할까?

ウリ　コプルリン　ハルカ

＊**커플링**コプルリンは英語で「couple rings」。

恋愛

ナンパ

1人ですか?

혼자예요《ホンジャエヨ》?

お茶でもいかが?

같이《カチ》 커피나《コピナ》 한잔할래요《ハンジャナルレヨ》?

⇔直訳
「一緒にコーヒーでも1杯しますか?」

今、時間ありますか?

지금《チグム》 시간 있어요《シガニッソヨ》?

隣に座ってもいいですか?

옆에《ヨペ》 앉아도《アンジャド》 될까요《ドェルカヨ》?

電話番号を聞いてもいいですか?

전화번호를《チョヌァボノルル》 물어봐도《ムロボァド》 돼요《ドェヨ》?

入れ替え
「名前を」
이름을イルムル

よそに行って2人で飲みませんか?

다른《タルン》 데《デ》 가서《カソ》 우리끼리《ウリッキリ》 한잔할래요《ハンジャナルレヨ》?

⇔直訳
「ほかのところに行って、私たちだけで1杯しましょうか」

あなた、好みじゃありません。

당신《タンシン》 내《ネ》 스타일이《スタイリ》 아니에요《アニエヨ》.

今忙しいんですが。

지금《チグム》 바쁜데요《パップンデヨ》.

興味ありません。

관심이《クァンシミ》 없어요《オプソヨ》.

漢字語
관심クァンシム (関心)

私、彼氏と来てます。

저《チョ》 남자친구랑《ナムジャチングラン》 왔어요《ワッソヨ》.

あの人、ナンパが趣味ですって。

그《ク》 남자《ナムジャ》, 여자《ヨジャ》 꼬시는《ッコシヌン》 게《ゲ》 취미래요《チュィミレヨ》.

漢字語
취미チュィミ (趣味)

ため口 あの人の電話番号、ゲットした！

그《ク》 남자《ナムジャ》 전화번호《チョヌァボノ》 땄어《ッタッソ》!

ため口 あの人、既婚者だよ、気を付けて。

저《チョ》 사람《リラム》, 유부남이야《ユブナミヤ》, 조심해《チョシメ》.

漢字語
유부남ユブナム (有婦男)
＊夫のいる女性は유부녀ユブニョ (有夫女)

恋愛

けんか

この項はほぼため口。
日本語訳をご参照ください。

何怒ってるの?　言ってみて。

왜《ウェ》 삐졌어《ッピジョッソ》? 말해《マレ》 봐《ボァ》.

＊삐졌어?ッピジョッソは「へそを曲げているの?」「すねているの?」というニュアンス。

いいかげんにして。

그만《クマン》 좀《チョㇺ》 해《ヘ》.

直訳
「もうやめて」

言い訳しないで。

핑계《ピンゲ》 대지《デジ》 마《マ》.

私が気にさわることした?

내가《ネガ》 뭐《ムォ》 기분《キブン》 상하게《サンハゲ》 했어《ヘッソ》?

漢字語
기분キブン (気分)

それ、私のせい?

그게《クゲ》 내《ネ》 탓이야《タシヤ》?

本当に傷ついた。

진짜《チンチャ》 상처받았어《サンチョバダッソ》.

漢字語
상처サンチョ (傷処)

もう、別れましょうか?

그냥《クニャン》 헤어질까요《ヘオジㇽカヨ》?

それは、ありえないでしょ。

그게《クゲ》 말이《マリ》 안《アン》 되죠《ドェジョ》.

怒らないでください。

화내지《ファネジ》 마세요《マセヨ》.

なんで私のメール無視するの?

왜《ウェ》 내《ネ》 문자《ムンチャ》 씹어《ッシボ》?

既読スルー?

읽씹이야《イㇰシビヤ》?

ほんとにむかつく。

너《ノ》 진짜《チンチャ》 재수없어《チェスオㇷ゚ソ》.

最低!

⇔直訳
「あんた、もうアウトだよ」

너《ノ》 이제《イジェ》 아웃이야《アウシヤ》!

恋愛

プロポーズ

私と結婚してくれますか？

漢字語
결혼キョロン (結婚)

나랑《ナラン》 결혼해《キョロネ》 줄래요?《ジュルレヨ》

幸せにします。

행복하게《ヘンボカゲ》 해《ヘ》 줄게요.《ジュルケヨ》

いつ返事、くれますか？

漢字語
대답テダァ (対答)

언제《オンジェ》 대답해《テダペ》 줄래요?《ジュルレヨ》

ずーっと幸せに暮らしましょう。

우리《ウリ》 행복하게《ヘンボカゲ》 오래오래《オレオレ》 살아요.《サラヨ》

指輪、 はめてください。

반지,《パンジ》 끼워《ッキウォ》 주세요.《ジュセヨ》

ご両親にご挨拶しなきゃね？

漢字語
부모プモ (父母)

부모님께《プモニムケ》 인사드리러《インサドゥリロ》 가야지요?《カヤジヨ》

ご両親が反対なさってるじゃないですか。

부모님이《プモニミ》 반대하시잖아요《パンデハシジャナヨ》.

＊結婚は本来、当事者2人の問題だが、韓国では両親の意向が強く影響する。

ご両親が許してくださいました。

부모님이《プモニミ》 허락하셨어요《ホラカショッソヨ》.

漢字語
허락ホラㇰ (許諾)

今すぐには無理です。

지금《チグㇺ》 당장은《タンジャンウン》 못《モ》 해요《テヨ》.

試験に合格したら結婚しましょう。

시험에《シホメ》 합격하면《ハㇷ゚キョカミョン》 결혼해요《キョロネヨ》.

漢字語
합격ハㇷ゚キョㇰ (合格)

入れ替え
「商売がうまくいったら」
장사 잘되면チャンサ　チャㇽドェミョン

私を信じて待ってくれますか?

날《ナㇽ》 믿고《ミッコ》 기다려《キダリョ》 줄《ジュㇽ》 수《ス》 있겠어요《イッケッソヨ》?

ため口 いつプロポーズしてくれるの?

언제《オンジェ》 프로포즈《プロポジュ》 해《ヘ》 줄《ジュㇽ》 거야《コヤ》?

ため口 結婚できないんじゃなくて、しないのよ。

결혼《キョロン》 못《モ》 하는《タヌン》 게《ゲ》 아니라《アニラ》 안 하는《アナヌン》 거야《ゴヤ》.

恋愛

結納・結婚式

顔合わせの日取りは決まりましたか?

상견례 날짜를 잡았어요?

サンギョンネ ナルチャルル チャバッソヨ

漢字語
상견례サンギョンネ（相見礼）。結婚前に両家の家族が顔合わせをすること。

函《はこ》買ってください!

함 사시오!

ハム サシオ

＊下のコラム参照。

結婚式の招待状をもらいました。

결혼식 초대장을 받았어요.

キョロンシク チョデチャンウル パダッソヨ

＊日本のように出欠の連絡をする必要はありません。最近は招待状をメールで送る人も増えています。

ご祝儀、いくらくらいにしたらいいでしょう?

축의금 얼마나 내야 할까요?

チュギグム オルマナ ネヤ ハルカヨ

漢字語
축의금チュギグム（祝儀金）

函を届ける

結婚前に新郎側から新婦の家に結納の函（長持ち）を担いで届ける儀式があります。函の中にはチマチョゴリ用の絹織物、五穀が入った袋、新郎新婦の相性を書いた書面、新郎の両親からの手紙、その他置物や手鏡などの記念品などが入っています。長持ちを持つのは新郎の友人たちで、友達の中でも先に結婚して「福」の象徴である息子を生んでおり、性格もよい人が函を担ぎます。さらに悪霊を追い払うために、イカのお面をかぶったり顔に炭を塗ったりする役割の人もいます。

2人のなれそめは?

둘은 어떻게 만났어요?

トゥルン　オットケ　マンナッソヨ

⇔直訳
「2人はどうやって出会いましたか?」

結婚の知らせを聞いて驚きました。

결혼 소식 듣고 놀랐어요.

キョロン　ソシク　トゥッコ　ノルラッソヨ

漢字語
소식ソシク (消息)

ご結婚おめでとうございます。

결혼 축하합니다.

キョロン　チュカハムニダ

漢字語
축하チュカ (祝賀)

ウェディングドレスがとても素敵ですね。

웨딩드레스가 너무 예뻐요.

ウェディンドゥレスガ　ノム　イェッポヨ

新郎も素敵で新婦もきれいですね。

신랑도 멋지고 신부도 예뻐요.

シルランド　モッチゴ　シンブド　イェッポヨ

本当にお2人、お似合いですよ。

정말 두 사람은 천생연분이에요.

チョンマル　トゥ　サラムン　チョンセンニョンブニエヨ

漢字語
천생연분チョンセンニョンブン (天生縁分)。「天が定めた縁」という意味。

幸せに暮らしてくださいね。

행복하게 잘살길 바래요.

ヘンボカゲ　チャルサルギル　パレヨ

恋愛

この項はほぼため口。
日本語訳をご参照ください。

メイクラブ

キスしていい?

키스해도《キスヘド》 돼《ドェ》?

チュッてして。

뽀뽀해《ッポッポヘ》 줘《ジョ》.

君としたい。

너랑《ノラン》 하고《ハゴ》 싶어《シポ》.

すごくセクシーだよ。

너무《ノム》 섹시해《セクシヘ》.

シャワーを浴びてくるね。

⇔直訳
「洗ってくる」

씻고《ッシッコ》 올게《オルケ》.

初めてだから怖いわ…。

처음이라서《チョウミラソ》 두려워《トゥリョウォ》….

今日はだめなの。

오늘은《オヌルン》 안《アン》 돼《ドェ》.

恥ずかしいわ。 電気消して。

부끄러워《プックロウォ》. 불《プㇽ》 꺼《ッコ》 줘《ジョ》.

ぎゅっと抱きしめてくれる?

꼬옥《ッコㇰ》 안아《アナ》 줄래《ジュㇽレ》?

コンドーム、 持ってる?

콘돔《コンドㇺ》 갖고《カッコ》 있어《イッソ》?

死ぬほどよかった。

⇔直訳 「よすぎて死ぬと思った」

너무《ノム》 좋아서《チョアソ》 죽을《チュグㇽ》 것《コッ》 같았어《カタッソ》.

今日は特別だったわ。

오늘은《オヌルン》 특별히《トゥㇰピョリ》 달라《タルラ》.

あなたなしにはもうムリ。

자기《チャギ》 없이는《オㇷ゚シヌン》 못《モッ》 살아《サラ》.

恋愛

妊娠・出産

生理が来ません。

생리가《センニガ》 안 와요《アヌァヨ》.

妊娠したようです。

임신한《イムシナン》 것《ゴッ》 같아요《カタヨ》.

漢字語
임신イムシン（妊娠）

妊娠検査薬で確認しました。

임신《イムシン》 테스트기로《テストゥギロ》 확인했어요《ファギネッソヨ》.

＊**임신테스트기**イムシンテストゥギは「妊娠テスト器」。

病院に行ったら**3カ月**だそうです。

병원에《ピョンウォネ》 가봤더니《カボァットニ》 삼《サム》 개월째래요《ゲウォルチェレヨ》.

入れ替え
「2カ月」
이 개월째イ　ゲウォルチェ
「4カ月」
사 개월째サ　ゲウォルチェ

早く結婚しましょう、ね。

빨리《ッパルリ》 결혼해요《キョロネヨ》, 우리《ウリ》.

直訳
「早く結婚しましょう、私たち」

最近、**できちゃった婚**も珍しくありません。

요즘《ヨジュム》 속도위반도《ソクトウィバンド》 흔하던데요《フナドンデヨ》.

漢字語
속도위반ソクトウィバン（速度違反）。できちゃった婚のこと。

つわりがひどくて大変です。

입덧이《イㇷ゚トシ》 심해서《シメソ》 힘들어요《ヒㇺドゥロヨ》.

臨月で体が重いです。

만삭이라《マンサギラ》 몸이《モミ》 무거워요《ムゴウォヨ》.

漢字語
만삭マンサク(満朔)

出産予定日はいつですか？

출산《チュㇽサン》 예정일이《イェジョンイリ》 언제예요《オンジェエヨ》?

陣痛が来ました！

진통이《チントンイ》 왔어요《ワッソヨ》!

破水しました！

양수가《ヤンスガ》 터졌어요《トジョッソヨ》!

漢字語
양수ヤンス(羊水)

子どもが生まれました。

애기《エギ》 낳았어요《ナアッソヨ》.

直訳
「子ども、生みました」

かわいい女の子です。

예쁜《イェップン》 딸이에요《ッタリエヨ》.

＊딸ッタㇽは「娘」。男の子が生まれたら아들アドゥㇽ(息子)。

恋愛

子育て

赤ちゃんの名前はなんですか？

애《エ》 이름이《イルミ》 뭐예요《ムォエヨ》?

＊子どもを**아이**アイといい、縮めて**애**エともいう。

お父さんがすっかり親ばかです。

아빠가《アッパガ》 완전《ワンジョン》 딸《ッタル》 바보예요《バボエヨ》.

直訳
「お父さんが完全に娘ばかです」

うちの子、人見知りが激しいです。

우리《ウリ》 애가《エガ》 낯을《ナチュル》 많이《マニ》 가려요《カリョヨ》.

＊単に「人見知りをします」だけなら**낯을 가려요**ナチュル カリョヨ。

会わない間にずいぶん大きくなったねえ。

안《アン》 본《ボン》 사이에《サイエ》 많이《マニ》 컸네요《コンネヨ》.

もう3歳です。

벌써《ポルソ》 세《セ》 살이에요《サリエヨ》.

入れ替え
「5」
다섯タソッ
「7」
일곱イルゴプ

生まれたのが昨日のようなのに。

애《エ》 낳은《ナウン》 게《ゲ》 어제《オジェ》 같은데요《カトゥンデヨ》.

直訳
「子ども生んだのが昨日のようですが」

子どもがいうことを聞かなくてつらいです。

애가 말을 안 들어서 괴로워요.

エガ　マルル　アン　ドゥロソ　クェロウォヨ

思春期だからなのか、反抗的です。

사춘기라서 그런지 반항을 해요.

サチュンギラソ　クロンジ　パナンウル　ヘヨ

直訳「思春期だからか、反抗をします」

子どもが騒いですみません。

애가 시끄럽게 해서 죄송해요.

エガ　シックロプケ　ヘソ　チェソンヘヨ

直訳「子どもがうるさくしてすみません」

高3なんだからそっとしておいてください。

고 삼이니까 건들지 마요.

コ　サミニッカ　コンドゥルジ　マヨ

直訳「高3だから刺激しないで」

四六時中、子どもの心配ばかりですよ。

자나깨나 아이 걱정이죠.

チャナッケナ　アイ　コクチョンイジョ

直訳「寝ても覚めても子どもの心配ですよ」

ため口 **さすが○○ちゃん、偉いねえ!**

역시 우리 딸, 너무 착해!

ヨクシ　ウリ　ッタル　ノム　チャケ

＊韓国では子どもに呼びかける時、名前を呼ばずに「**우리 딸**ウリ　ッタル（我が娘）」「**우리 아들**ウリ　アドゥル（我が息子）」ということが多い。

ため口 **お母さんのいうこと、ちゃんと聞かなきゃ。**

엄마 말 잘 들어야지.

オムマ　マル　チャル　トゥロヤジ

恋愛

浮気

最近、夫の様子が怪しいです。

요즘《ヨジュㇺ》 남편의《ナㇺピョネ》 행동이《ヘンドンイ》 수상해요《スサンヘヨ》.

入れ替え
「彼氏の」
남친의ナㇺチネ
「妻の」
아내의アネエ

電話のパターンロックを変えてたんです。

폰《ポン》 패턴을《ペトヌㇽ》 바꿨더라고요《パックォットラゴヨ》.

入れ替え
「パスワードを」
비밀번호를ピミㇽボノルㇽ

突然、出張の回数が増えました。

갑자기《カプチャギ》 출장《チュㇽチャン》 횟수가《フェッスガ》 늘었어요《ヌロッソヨ》.

今回だけは許してあげることにしました。

이번만은《イボンマヌン》 용서해《ヨンソヘ》 주기로《ジュギロ》 했어요《ヘッソヨ》.

夫が私を疑っています。

남편이《ナㇺピョニ》 나를《ナルㇽ》 의심해요《ウィシメヨ》.

漢字語
의심ウイシㇺ（疑心）

彼はとても疑い深いんです。

남친이《ナㇺチニ》 의처증이《ウイチョチュンイ》 있어요《イッソヨ》.

漢字語
의처증ウイチョチュン（疑妻症）。妻（彼女）が疑い深い時は（疑夫症）**의부증**ウイブチュンという。

ただの**男友達**です。

그냥《クニャン》 남사친이에요《ナㇺサチニエヨ》.

入れ替え
「女友達」
여사친ヨサチン

ため口 私に**隠れて**何してるの?

나《ナ》 몰래《モㇽレ》 뭐《ムォ》 하니《ハニ》?

ため口 女の**カン**はおそろしいのよ。

여자의《ヨジャエ》 직감이《チㇰカミ》 놀라운《ノㇽラウン》 거야《ゴヤ》.

直訳
「女の直感は驚くべきものだよ」

ため口 私に隠れて**浮気**してたわけ?

나《ナ》 몰래《モㇽレ》 바람피운《パラㇺピウン》 거야《ゴヤ》?

＊**바람**パラㇺは「風」の意味ですが、「浮気」の意味でも使う。

ため口 酒のせいで**うっかり**。ごめん。

술《スㇽ》 때문에《ッテムネ》 실수했어《シルスヘッソ》. 미안해《ミアネ》.

直訳
「酒のせいで失敗した。ごめん」

ため口 今付き合っている人が**妻帯者**だって?

지금《チグㇺ》 만나는《マンナヌン》 사람이《サラミ》 유부남이라고《ユブナミラゴ》?

ため口 子どもが3人よ、**離婚**できないわ。

애가《エガ》 셋이야《セシヤ》, 이혼할《イホナㇽ》 수도《スド》 없어《オㇷ゚ソ》.

恋愛

離婚・別れ

積もりに積もった不満が爆発しました。

✎漢字語
불만《プルマン》 (不満)

쌓였던《ッサヨットン》 불만이《プルマニ》 터져《トジョ》 나왔어요《ナワッソヨ》.

当分、 実家にいます。

당분간《タンブンガン》 친정집에《チンジョンチベ》 있을게요《イッスルケヨ》.

けんかの原因はなんですか?

싸움《ッサウム》 원인이《ウォニニ》 뭐예요《ムォエヨ》?

2人の性格が合いません。

✎漢字語
성격《ソンキョク》 (性格)

우리《ウリ》 성격이《ソンキョギ》 안《アン》 맞아요《マジャヨ》.

子どものために我慢していました。

애들《エドゥル》 때문에《ッテムネ》 참았는데요《チャマンヌンデヨ》.

ため口 離婚しよう。

✎漢字語
이혼《イホン》 (離婚)

이혼하자《イホナジャ》.

2人とも悩んだ末に出した**結論**です。

둘 다 고민 끝에 내린 결정이에요.

トゥル　ダ　コミン　ックテ　ネリン　キョルチョンイエヨ

漢字語
결정キョルチョン（決定）

憎みあって別れたわけじゃありません。

원수처럼 헤어진 것도 아니에요.

ウォンスチョロム　ヘオジン　ゴット　アニエヨ

直訳
「仇敵のように別れたのでもありません」

夫婦げんかは犬も食わないというのに。

부부 싸움은 칼로 물 베기라는데요.

プブ　ッサウムン　カルロ　ムル　ベギラヌンデヨ

直訳
「夫婦げんかは刀で水を切ることというのに」。なんでもないことの例え。

離婚したら**いばらの道**ですよ。

이혼하면 가시밭길이에요.

イホナミョン　カシバッキリエヨ

ため口 あなたが**私に**何をしてくれたっていうの？

니가 나한테 해 준 게 뭐가 있어?

ニガ　ナハンテ　ヘ　ジュン　ゲ　ムォガ　イッソ

ため口 **好きな人**ができたんだ。

좋아하는 사람이 생겼어.

チョアハヌン　サラミ　センギョッソ

ため口 戻ってくる**気**はないの？

다시 돌아올 생각이 없어?

タシ　トラオル　センガギ　オプソ

恋愛

復縁

この項はほぼため口。
日本語訳をご参照ください。

機嫌直して。

기분《キブン》 좀《チョム》 풀어《プロ》.

漢字語
기분キブン (気分)

ごめん、 私が悪かった。

미안해《ミアネ》, 내가《ネガ》 잘못했어《チャルモテッソ》.

もう一度やり直そうよ。

우리《ウリ》 다시《タシ》 시작하자《シジャカジャ》.

仲直りしよう。

우리《ウリ》 화해하자《ファヘハジャ》.

漢字語
화해ファヘ (和解)

謝るよ。

사과할게《サグァハルケ》.

漢字語
사과サグァ (謝過)
＊사과サグァには「リンゴ」の意味もあるので、言葉遊びによく使われる。

別れたくない。

나《ナ》 헤어지기《ヘオジギ》 싫은데《シルンデ》.

こんなことで君とけんかしたくないよ。

이런《イロン》 일로《イㇽロ》 너하고《ノハゴ》 싸우고《ッサウゴ》 싶지《シㇷ゚チ》 않아《アナ》.

もう怒らせるようなことしないから。

入れ替え
「泣かせるようなこと」
울게ウㇽゲ

이제《イジェ》 짜증《ッチャジュン》 나게《ナゲ》 하지《ハジ》 않을게《アヌㇽケ》.

もうしないから。 約束する。

다시는《タシヌン》 안《ア》 할게《ナㇽケ》, 약속해《ヤㇰソケ》.

なんで許してくれないの?

漢字語
용서ヨンソ (容恕)

왜《ウェ》 용서《ヨンソ》 안《ア》 해《ネ》 줘《ジョ》?

許したいけど、 できない。

용서하고《ヨンソハゴ》 싶지만《シㇷ゚チマン》 그럴《クロㇽ》 수가《スガ》 없어《オㇷ゚ソ》.

けんかするほど仲が深まるっていうじゃん。

싸울수록《ッサウㇽスロㇰ》 친해진다잖아《チネジンダジャナ》.

全部吐き出したら、すっきりしたわ。

할《ハㇽ》 말《マㇽ》 다《タ》 하니까《ハニッカ》 속이《ソギ》 시원하네《シウォナネ》.

知っ得!

韓国で特別な100日目

恋人同士にとって「付き合い始めて100日目」が大きなイベントである、ということは韓流ドラマでよく見ます。100日目を祝うためには、「1日目」を特定する必要があります。そこで男女が付き合い始める時に「오늘부터 일일オヌルブト イリル（今日から1日目)」が決め台詞になるわけです。100日目イベントでは、100本のバラを贈ったり、部屋一面に花びらを敷き詰めたり、車のトランクを開けたら風船が飛び出すなど、工夫を凝らした演出（苦労?）があります。

通常「백일ペギル（百日)」というと、赤ちゃんが生まれて100日目を祝う백일 잔치ペギル チャンチ（百日祝い）のことを言います。赤ちゃんの健康な成長を祈ってご馳走を作り、近所にお餅を配ったり記念の写真を撮ったりします。日本の「お食い初め」も生後100日くらいの時期に行われるのでよく引き合いに出されますが、日本の場合は「100日」より「歯が生えてきたころ」が強調されます。

ほかにも、大学入試のような大事な試験の100日前に受験生たちが集まって激励しあったり、新入社員の入社100日目を祝ったり、ホテルやデパートなどは「開店100日記念イベント」などを大々的に行ったりします。

このように韓国社会には「100日目」をとても重要視する習慣があります。これは「百」という数字は、「百点満点」や「100%」というように「完全」を意味する数字であると信じられているためで、その数字にあやかり、子どもの成長や社会生活、商売などにおいて「うまくいきますように」と祈願するようになったようです。

10

場面別

エンタメ

エンタメ

この項はほぼため口。
日本語訳をご参照ください。

ライブの入り待ち・出待ち

入り待ちする？

출근길《チュルグンキル》 보러《ポロ》 갈까《ガルカ》?

＊출근길《チュルグンキル》は、출근《チュルグン》（出勤）の길《キル》（道）で、スターたちが番組の撮影などで放送局に入ることをいう。

人、すごく多いね！

사람《サラム》 엄청《オムチョン》 많다《マンタ》!

やった！　いい場所とった！

앗싸《アッサ》! 좋은《チョウン》 자리《チャリ》 잡았다《チャバッタ》!

朝早くから列並んだ甲斐があった。

새벽부터《セビョクプト》 줄《チュル》 선《ソン》 보람이《ポラミ》 있네《インネ》.

＊人気グループの入り待ちでは徹夜する人も多い。

今日も手を振ってくれるかしら。

오늘도《オヌルド》 손《ソン》 흔들어《フンドゥロ》 줄까《ジュルカ》.

あれ～、もう入っちゃったのかなあ。

뭐야《ムォヤ》, 벌써《ポルソ》 들어가《トゥロガ》 버렸나《ボリョンナ》?

こっち向いてください！

이쪽《イッチョク》 봐《ポァ》 줘요《ジョヨ》!

一緒に写真撮ってください！

같이《カチ》 사진《サジン》 찍어《ッチゴ》 줘요《ジョヨ》!

サインください！

사인해《サイネ》 주세요《ジュセヨ》!

目の前で見られました！

눈앞에서《ヌナペソ》 볼《ポル》 수《ス》 있었어요《イッソッソヨ》!

ライブ楽しみにしています。

콘서트《コンソトゥ》 기대하고《キデハゴ》 있어요《イッソヨ》.

漢字語
기대《キデ》 (期待)

私服もさすが！

사복《サボク》 패션도《ペションド》 남달라《ナムダルラ》!

直訳
「私服ファッションも並外れている」

出待ちもする?

퇴근길도《トェグンキルド》 보고《ポゴ》 올까《オルカ》?

＊仕事を終えて放送局などから出てくるのを待つ「出待ち」は、퇴근《トェグン》(退勤)길《キル》(道)。

エンタメ

ライブ入場

まだ当日券残っていますか?

아직《アジㇰ》 당일권《タンイㇽクォン》 남아《ナマ》 있어요《イッソヨ》?

待ちに待ったライブです！

기다리고《キダリゴ》 기다리던《キダリドン》 콘서트예요《コンソトゥエヨ》!

ため口 とてもドキドキして眠れなかった。

너무《ノム》 설레서《ソㇽレソ》 잠도《チャㇺド》 못《モッ》 잤어《チャッソ》.

早く行ってグッズを見ましょう。

일찍《イㇽチㇰ》 가서《カソ》 굿즈《クッチュ》 구경합시다《クギョンハㇷ゚シダ》.

グッズ売り場はどこですか?

굿즈는《クッチュヌン》 어디서《オディソ》 팔아요《パラヨ》?

直訳 「グッズはどこで売っていますか?」

ため口 すごく並んでる。

줄이《チュリ》 엄청《オㇺチョン》 길어《キロ》.

直訳 「列がものすごく長い」

押さないでください！

밀지《ミルジ》 마세요《マセヨ》!

ため口 バッジがもう売り切れ？

배지가《ペジガ》 벌써《ポルソ》 매진《メジン》?

入れ替え
「バナーが」
피켓이ピケシ

ため口 応援バナー、２つ買った。

응원《ウンウォン》 피켓《ピケッ》 두《トゥ》 개《ゲ》 샀어《サッソ》.

座席表見てきますね。

좌석《チャソㇰ》 배치도를《ペチドルㇽ》 보고《ポゴ》 올게요《オルケヨ》.

漢字語
좌석 배치도チャソㇰ ベチド
（座席配置図）

ため口 私の席、どこだろう？

내《ネ》 자리가《ジャリガ》 어디지《オディジ》?

ため口 意外といい席だね。

의외로《ウイウェロ》 좋은《チョウン》 자리네《ジャリネ》.

漢字語
의외ウイウェ（意外）

ため口 今度は絶対アリーナで見るぞ。

다음엔《タウメン》 꼭《ッコㇰ》 스탠딩《ステンディン》 갈《カル》 거야《コヤ》.

＊스탠딩ステンディン（立ち席）は舞台に一番近い場所なので、日本でいうアリーナ席となる。

10 …… エンタメ
ライブ入場

エンタメ

この項はほぼため口。
日本語訳をご参照ください。

歌詞に出てくるフレーズ

僕のそばにいてくれ

내《ネ》 곁에《ギョテ》 있어《イッソ》 줘《ジョ》

僕が君を守ってあげるよ

내가《ネガ》 그대를《クデルル》 지켜《チキョ》 줄게《ジュルケ》

＊그대《クデ》は「あなた、君」の意味だが、歌詞や詩以外の通常の会話では使わない。

やさしく私を抱きしめて

따뜻하게《ッタットゥタゲ》 날《ナル》 안아《アナ》 줘《ジョ》

直訳
「温かく私を抱いて」

君のほかに何もないんだ

너《ノ》 말곤《マルゴン》 아무것도《アムゴット》 없잖아《オプチャナ》

ここで君を待っているよ

여기서《ヨギソ》 널《ノル》 기다릴게《キダリルケ》

君を愛してる、いつまでも

널《ノル》 사랑하겠어《サランハゲッソ》 언제까지나《オンジェッカジナ》

心の向くまま生きていけ

마음이《マウミ》 이끄는《イックヌン》 대로《デロ》 살아《サラ》 가《ガ》

どれだけ待てば会えるのだろう

얼마나《オルマナ》 기다려야《キダリョヤ》 널《ノル》 보게《ポゲ》 될까《トェルカ》

初雪が降っているって

첫눈이《チョンヌニ》 온다고요《オンダゴヨ》

涙より輝いているこの瞬間

눈물보다《ヌンムルボダ》 빛나는《ピンナヌン》 이《イ》 순간《スンガン》

漢字語
순간スンガン（瞬間）

美しい記憶だけ持っていけ

아름다운《アルムダウン》 기억만《キオンマン》 가져가라《カジョガラ》

漢字語
기억キオク（記憶）

平気なふりして笑ってくれ

괜찮은《クェンチャヌン》 듯《ドゥッ》 웃어《ウソ》 줘《ジョ》

直訳
「なんでもないように笑ってくれ」

君を忘れられない

널《ノル》 못《モン》 잊겠어《ニッケッソ》

＊**널**ノルは**너를**ノルル（君を）の縮約で、**너**ノ（君、お前）は親しい間柄での二人称として使う。

エンタメ

応援メッセージ

この項はほぼため口。
日本語訳をご参照ください。

ファイト！

파이팅!

パイティン

＊応援バナーによく書かれる。もちろん声に出して応援することもできる。

応援するよ

응원할게

ウンウォナルケ

漢字語
응원ウンウォン（応援）

あなただけ見てる

너만 볼게

ノマン　ポルケ

今日もありがとう

오늘도 고마워

オヌルド　コマウォ

仕方がないよ、惚れたんだから

어쩔 수 없어 반했으니까

オッチョル　ス　オプソ　パネッスニッカ

3周年おめでとう

삼 주년 축하해

サム　ジュニョン　チュカヘ

漢字語
축하チュカ（祝賀）

オッパ、最高！

오빠《オッパ》 최고《チェゴ》!

漢字語
최고チェゴ（最高）

ずっと愛してる

영원히《ヨンウォニ》 사랑해《サランヘ》

漢字語
영원ヨンウォン（永遠）

会いたかった

보고《ポゴ》 싶었어《シポッソ》

まぶしい！○○

눈부셔《ヌンブショ》! ○○

いつも一緒に

우리는《ウリヌン》 언제나《オンジェナ》 함께《ハムケ》

みんなの妖精！○○

국민《クンミン》 요정《ヨジョン》! ○○

直訳
「国民妖精」

○○に人生賭けた！

○○에게《○○エゲ》 인생《インセン》 베팅《ペティン》!

＊**베팅**ペティンは英語の「betting」で「賭け」。

エンタメ

ライブの余韻

やっぱりライブは違いますね。

역시《ヨㇰシ》 라이브는《ライブヌン》 달라요《タㇽラヨ》.

3階まで上がってきてくれました。

삼《サㇺ》 층까지《チュンカジ》 올라와《オㇽラワ》 주셨어요《ジュショッソヨ》.

ファンサービスもしてくれました。

팬《ペン》 서비스도《ソビスド》 해《ヘ》 주셨어요《ジュショッソヨ》.

最初の曲から最高でした。

첫《チョッ》 곡부터《コㇰプト》 최고였어요《チェゴヨッソヨ》.

漢字語 곡コㇰ (曲)

感動がまだ忘れられません。

감동이《カㇺドンイ》 아직《アジㇰ》 잊혀지지《イチョジジ》 않아요《アナヨ》.

漢字語 감동カㇺドン (感動)

ライブは元気の素です。

콘서트는《コンソトゥヌン》 내《ネ》 삶의《サㇽメ》 활력소예요《ファㇽリョㇰソエヨ》.

漢字語 활력소ファㇽリョㇰソ (活力素)

現場の雰囲気は行った人しかわからないですよね。

현장《ヒョンジャン》 분위기는《プヌィギヌン》 가《カ》 본《ボン》 사람만《サラムマン》 알죠《アルジョ》.

最高のヒーリングでした。

최고의《チェゴエ》 힐링이었어요《ヒルリンイオッソヨ》.

元気をたくさんもらいました。

좋은《チョウン》 에너지《エノジ》 많이《マニ》 받았어요《パダッソヨ》.

直訳
「いいエネルギー、たくさん受け取りました」

ため口 すんごく、よかった。

너무너무《ノムノム》 좋았어《チョアッソ》.

ため口 豆粒くらいにしか見えなかったけど、平気。

콩알만《コンアルマ》 하게《ナゲ》 보였지만《ポヨッチマン》 괜찮아《クェンチャナ》.

ため口 早くまた会いたい。

빨리《ッパルリ》 다시《タシ》 보고《ポゴ》 싶어《シポ》.

ため口 目が合ったと思うの。

눈이《ヌニ》 마주쳤던《マジュチョットン》 것《コッ》 같아《カタ》.

エンタメ

ファン同士の情報交換

チケット譲ります。

티켓《ティケッ》 양보합니다《ヤンボハㇺニダ》.

漢字語
양보ヤンボ（譲歩）

チケット譲ってください。

티켓《ティケッ》 구합니다《クハㇺニダ》.

直訳
「チケット探しています」

当日券ありますか?

티켓《ティケッ》 현장《ヒョンジャン》 판매《パンメ》 실시해요《シㇽシヘヨ》?

直訳
「チケットの現場販売、実施しますか?」
＊当日券がある場合は、ライブ当日に会場で販売される。

グッズ販売、何時からですか?

굿즈《クッチュ》 판매《パンメ》 몇《ミョッ》 시부터예요《シブトエヨ》?

誰か一緒に行く人いませんか?

누구《ヌグ》 같이《カチ》 갈《カㇽ》 사람《サラㇺ》 없어요《オㇷ゚ソヨ》?

ファンサイトで出会った友達です。

팬《ペン》 사이트에서《サイトゥエソ》 만난《マンナン》 친구예요《チングエヨ》.

出演情報を確認したいです。

漢字語
출연チュリョン（出演）

출연《チュリョン》 정보를《ジョンボルル》 확인하고《ファギナゴ》 싶어요《シポヨ》.

撮影の時着ていた服のブランドが気になります。

촬영《チャリョン》 때《ッテ》 입은《イブン》 옷《オッ》 브랜드《プレンドゥ》 궁금해요《クングメヨ》.

今回のグラビアの撮影地はどこですか?

漢字語
화보ファボ（画報）

이번《イボン》 화보《ファボ》 촬영지는《チャリョンジヌン》 어디예요《オディエヨ》?

カムバック情報を教えてください。

＊컴백コムベクは、新曲リリースのことをいう。

컴백《コムベク》 정보《チョンボ》 알려《アルリョ》 주세요《ジュセヨ》.

インタビューの動画、ありますか?

漢字語
동영상トンヨンサン（動映像）

인터뷰《イントビュ》 동영상《トンヨンサン》 있어요《イッソヨ》?

掲示板にコメントを書きました。

漢字語
게시판ケシパン（掲示板）

게시판에《ケシパネ》 댓글《テックル》 달았어요《タラッソヨ》.

GIFアニメ、アップしてくれた人、ありがとう。

움짤《ウムチャル》 올려《オルリョ》 준《ジュン》 사람《サラム》 고마워요《コマウォヨ》.

エンタメ

ファンミーティング①

3年ぶりのファンミーティングです。

삼《サㇺ》 년《ニョン》 만의《マネ》 팬미팅입니다《ペンミティンイㇺニダ》.

期待でいっぱいです。

漢字語
기대감《キデガㇺ》（期待感）

기대감이《キデガミ》 넘쳐요《ノㇺチョヨ》.

ファンミーティングの司会は誰ですか?

팬미팅《ペンミティン》 MC《エㇺシ》 누가해요《ヌガヘヨ》?

事前に送った質問に直接答えてくれました。

사전《サジョン》 질문을《チㇽムヌㇽ》 받고《パッコ》 직접《チㇰチョㇷ゚》 답해《タペ》 줬어요《ジョッソヨ》.

フォトタイムに撮った写真です。

포토타임에《ポトタイメ》 찍은《ッチグン》 사진이에요《サジニエヨ》.

ゲストもすごかったです。

게스트도《ケストゥド》 짱짱했어요《ッチャンチャンヘッソヨ》.

ピアノの生**演奏**もしてくれました。

漢字語
연주ヨンジュ (演奏)

직접《チㇰチョㇷ゚》 피아노《ピアノ》 연주도《ヨンジュド》 해《ヘ》 주셨어요《ジュショッソヨ》.

未公開曲も聞かせてくれました。

미공개《ミゴンゲ》 곡도《ゴㇰト》 들려《トゥㇽリョ》 줬어요《ジョッソヨ》.

ファンと**ゲーム**もしました。

팬들과《ペンドゥㇽグァ》 게임도《ケイムド》 했어요《ヘッソヨ》.

サプライズ**プレゼント**もくれました。

서프라이즈《ソプライジュ》 선물도《ソンムㇽド》 받았어요《パダッソヨ》.

舞台**演出**も圧倒的でした。

무대《ムデ》 연출도《ヨンチュㇽド》 압도적이었어요《アㇷ゚トジョギオッソヨ》.

雰囲気が**一瞬**で熱くなりました。

漢字語
순식간スンシㇰカン (瞬息間)

분위기가《プヌィギガ》 순식간에《スンシㇰカネ》 뜨거워졌어요《ットゥゴウォジョッソヨ》.

惚れなおしました。

直訳
「もう一度惚れました」

다시《タシ》 한번《ハンボン》 반했어요《パネッソヨ》.

エンタメ

ファンミーティング②

漢字語
계기ケギ (契機)

俳優になったきっかけは?

배우가《ペウガ》 된《トェン》 계기는《ケギヌン》?

漢字語
인상インサン (印象)

日本のファンについての印象は?

일본《イルボン》 팬들에《ペンドゥレ》 대한《テハン》 인상은《インサンウン》?

休みの日は何をしていますか?

쉬는《スィヌン》 날에는《ナレヌン》 뭘《ムォル》 해요《ヘヨ》?

日本の食べ物では何が好きですか?

일본《イルボン》 음식《ウムシク》 중에서《チュンエソ》 뭘《ムォル》 좋아해요《チョアヘヨ》?

漢字語
이상형イサンヒョン (理想形)

理想のタイプは?

이상형은《イサンヒョンウン》?

漢字語
대사テサ (台詞)

出演したドラマの中で好きなセリフは?

출연한《チュリョナン》 드라마《トゥラマ》 중《チュン》 좋아하는《チョアハヌン》 대사는《テサヌン》?

自分の**魅力**はなんだと思いますか？

直訳
「自らが考える魅力は？」

스스로가《ススロガ》 생각하는《センガカヌン》 매력은《メリョグン》?

これからやってみたい**役**は？

漢字語
배역《ペヨク》（配役）

앞으로《アプロ》 하고《ハゴ》 싶은《シプン》 배역은《ペヨグン》?

ものすごい悪役をやってみたいです。

지독한《チドカン》 악역을《アギョグル》 해보고《ヘボゴ》 싶어요《シポヨ》.

入隊直前のファンミーティングです。

입대《イプテ》 직전《チクチョン》 팬미팅입니다《ペンミティンイムニダ》.

元気に戻ってきますね。

漢字語
건강《コンガン》（健康）

건강히《コンガンヒ》 잘《チャル》 다녀올게요《タニョオルケヨ》.

来年、**また**会いましょう！

내년에《ネニョネ》 다시《タシ》 만나요《マンナヨ》!

除隊おめでとう。

제대《チェデ》 축하해요《チュカヘヨ》.

エンタメ

ドラマ

新しく始まったドラマが面白いです。

새로《セロ》 시작한《シジャカン》 드라마가《トゥラマガ》 재미있어요《チェミイッソヨ》.

ドラマのタイトルはなんですか?

드라마《トゥラマ》 제목이《チェモギ》 뭐예요《ムォエヨ》?

漢字語
제목チェモク（題目）

主人公の俳優は誰ですか?

주인공《チュインゴン》 배우가《ペウガ》 누구예요《ヌグエヨ》?

漢字語
주인공チュインゴン（主人公）

○○が出るなら絶対見ます。

○○가《ガ》 나온다면《ナオンダミョン》 무조건《ムジョコン》 봐요《ポァヨ》.

漢字語
무조건ムジョコン（無条件）

去年、賞を総なめしましたよね。

작년에《チャンニョネ》 상을《サンウル》 싹쓸이했죠《ッサクスリヘッチョ》.

＊싹쓸이ッサクスリは「独り占め」の意味。

最近人気のドラマはなんですか?

요즘《ヨジュム》 인기《インキ》 있는《インヌン》 드라마가《トゥラマガ》 뭐예요《ムォエヨ》?

日本で**リメイク**されました。

일본에서《イㇽボネソ》 리메이크됐어요《リメイクドェッソヨ》.

リアルタイムで見なきゃ！

본방《ポンバン》 사수《サス》 해야죠《ヘヤジョ》!

＊**본방 사수**ポンバン　サスは漢字で「本放(送)死守」と書き、視聴率アップのために、再放送や録画ではなく、テレビで放送する時間に必ず見る、という意味。

視聴率1位です。

시청률이《シチョンニュリ》 일위예요《イㇽィエヨ》.

漢字語
시청률シチョンニュㇽ(視聴率)

今年一番高く**評価**されました。

올해《オレ》 가장《カジャン》 높은《ノプン》 평가를《ピョンカルㇽ》 받았어요《パダッソヨ》.

直訳
「今年一番高い評価を受けました」

主人公の**演技が下手**で酷評されました。

주인공《チュインゴン》 발연기《パリョンギ》 때문에《ッテムネ》 혹평《ホクピョン》 받았어요《パダッソヨ》.

＊**발연기**パリョンギは、**발**パㇽ(足)の**연기**ヨンギ(演技)で、演技が下手だ、大根役者だという意味。

私の**ベスト作品**です。

나의《ナエ》 인생《インセン》 드라마예요《ドゥラマエヨ》.

＊**인생 드라마**インセン　ドゥラマ(人生ドラマ)で「ベストドラマ」の意味。

視聴率はよくなかったんですよ。

시청률은《シチョニュルン》 안《アン》 좋았는데요《チョアンヌンデヨ》.

エンタメ

ラブコメ

今回はラブコメですか？

이번에는《イボネヌン》 로코예요?《ロコエヨ》

*로코ロコは로맨틱 코미디ロメンティㇰ コミディの略。

新しいラブコメ王の誕生ですね。

새로운《セロウン》 로코킹이《ロコキンイ》 됐네요.《トェンネヨ》

歴代最高のキスシーンじゃないですか？

역대《ヨㇰテ》 최고의《チェゴエ》 키스《キス》 신이《シニ》 아닐까요?《アニㇽカヨ》

漢字語
역대 최고ヨㇰテ　チェゴ（歴代最高）

出演者の息が合っていました。

출연자들의《チュリョンジャドゥレ》 케미가《ケミガ》 좋았어요.《チョアッソヨ》

*케미ケミは、「케미스트리ケミストゥリ（化学）」の略語で、息がぴったり合うことを化学反応にたとえた表現。

ブロマンスが見どころです。

브로맨스가《プロメンスガ》 볼거리예요.《ポㇽコリエヨ》

*브로맨스プロメンスは、英語の「brother+romance」で、男性同士の絆や疑似恋愛のこと。

ラブコメは飽きたけどそれでも見ちゃいます。

로코는《ロコヌン》 식상한데《シㇰサンハンデ》 그래도《クレド》 또《ット》 봐요.《ポァヨ》

漢字語
식상シㇰサン（食傷）

ため口 行き着くところまで行こう。

갈 데까지 가 보자.

カル　テッカジ　カ　ボジャ

ため口 後ろ指をさされてもかまわない。

손가락질 당해도 상관없어.

ソンカラクチル　タンヘド　サングァノプソ

ため口 俺のところに戻ってくるさ。

나한테 돌아오게 될 거야.

ナハンテ　トラオゲ　トエル　コヤ

ため口 待っているから。ゆっくりおいで。

기다릴게. 천천히 와.

キダリルケ　チョンチョニ　ワ

ため口 泣きたい時に泣くのが格好いいのさ。

＊**쿨한**クランは英語で「cool な」という意味。

울고 싶을 땐 그냥 우는 게 쿨한 거야.

ウルゴ　シプル　ッテン　クニャン　ウヌン　ゲ　クラン　ゴヤ

ため口 ちょっとしたミスだよ、たいしたことじゃない。

그냥 실수야, 별거 아냐.

クニャン　シルスヤ　ピョルゴ　アニャ

ため口 ミスだなんて笑わせないで。

실수 같은 소리 하고 있네.

シルス　ガトゥン　ソリ　ハゴ　インネ

エンタメ

サスペンス

どんでん返しが続いてびっくりしました。

반전에《パンジョネ》 반전이라서《パンジョニラソ》 놀랐어요《ノㇽラッソヨ》.

漢字語
반전パンジョン（反転）。「どんでん返し」「急展開」という意味。

心臓が止まるかと思いました。

심장이《シㇺジャンイ》 멈출《モㇺチュㇽ》 뻔했어요《ッポネッソヨ》.

犯人が誰か見当がつきます。

범인이《ポミニ》 누군지《ヌグンジ》 짐작이《チㇺジャギ》 가요《カヨ》.

伏線がすごいですよね。

복선이《ポㇰソニ》 엄청나네요《オㇺチョンナネヨ》.

漢字語
복선ポㇰソン（伏線）

アクションシーンもすごく格好よかったです。

액션《エㇰション》 신도《シンド》 너무《ノム》 멋졌어요《モッチョッソヨ》.

ため口 ネタバレ絶対しないで！

스포일러《スポイㇽロ》 절대《チョㇽテ》 안돼《アンドェ》!

＊**스포일러**スポイㇽロは英語の「spoiler」。

ため口 **復讐してみな。受けて立つよ。**

복수해 봐. 받아 줄게.

ポクスヘ　ボァ　パダ　ジュルケ

漢字語
복수ポクス（復讐）

ため口 **だましたつもりがだまされたんだよ。**

속인 게 아니라 속은 거야.

ソギン　ゲ　アニラ　ソグン　ゴヤ

直訳
「だましたんじゃなくて、だまされたのだ」

ため口 **まだ状況がわからないのか?**

아직 상황 파악이 안 돼?

アジク　サンファン　パアギ　アン　ドェ

直訳
「まだ状況把握ができない?」

ため口 **俺の手の内から出られはしないぞ。**

내 손에서 벗어날 수 없어.

ネ　ソネソ　ポソナル　ス　オプソ

ため口 **銃、撃ってみろ。人を殺したことあるのか?**

총 쏴 봐, 사람 죽인 적이 있어?

チョン　ッソァ　ボァ　サラム　チュギン　ジョギ　イッソ

ため口 **俺はお前が思っているような人間じゃない。**

너 사람 잘못 봤어.

ノ　サラム　チャルモッ　ポァッソ

ため口 **そろそろケリをつけよう。**

이제 끝장 보자.

イジェ　ックッチャン　ポジャ

エンタメ

法廷ドラマ

法廷ドラマが好きです。

법정《ポプチョン》 드라마를《トゥラマルル》 좋아해요《チョアヘヨ》.

漢字語
법정ポプチョン（法廷）

検事の服がよく似合っています。

검사복이《コムサボギ》 잘《チャル》 어울려요《オウルリョヨ》.

漢字語
검사복コムサボッ（検事服）

正義感あふれるまなざしが素敵です。

정의로운《チョンイロウン》 눈빛이《ヌンピチ》 돋보여요《トッポヨヨ》.

漢字語
정의チョンイ（正義）

痛快に解決してほしいです。

사이다《サイダ》 전개면《チョンゲミョン》 좋겠어요《チョケッソヨ》.

直訳
「サイダー展開だといいです」。**사이다**サイダは飲み物の「サイダー」で、「すっきり、爽快」の代名詞になっている。

実際にこんな**弁護士**、いるでしょうか？

현실에《ヒョンシレ》 이런《イロン》 변호사가《ピョノサガ》 있을까요《イッスルカヨ》?

ドラマを見てストレス解消しています。

드라마에서《トゥラマエソ》 대리《テリ》 만족을《マンジョグル》 느껴요《ヌッキョヨ》.

直訳
「ドラマで代理満足を感じます」

ため口 死人に口なしだろう。

죽은《チュグン》 자는《ジャヌン》 말이《マリ》 없지《オㇷ゚チ》.

⇔直訳
「死んだ者は言葉がないだろう」

ため口 人が死ななきゃ、話題にもならない。

사람이《サラミ》 죽어야《チュゴヤ》 이슈가《イシュガ》 되니까《トェニッカ》.

⇔直訳
「人が死んでこそイッシュー(issue) になるのだから」

ため口 裁判で勝てばそれが真実になるのよ。

재판에서《チェパネソ》 이기는《イギヌン》 게《ゲ》 진실이야《チンシリヤ》.

ため口 真実は１つ！

진실은《チンシルン》 하나야《ハナヤ》!

漢字語
진실チンシㇽ（真実）

私を疑っているんですか?

저를《チョルㇽ》 의심하시는《ウイシマシヌン》 거예요《ゴエヨ》?

漢字語
의심ウイシㇺ（疑心）

ため口 辞職覚悟の上だ。

옷《オッ》 벗을《ポスㇽ》 각오가《カゴガ》 되어《トェオ》 있어《イッソ》.

⇔直訳
「服脱ぐ覚悟ができている」。「옷(을) 벗다オ(スㇽ) ポッタ服を脱ぐ」は「仕事を辞める」ことを意味する。

ため口 人を憎んで人生を無駄にしちゃいけないよ。

사람《サラㇺ》 미워하는《ミウォハヌン》 데《デ》 인생《インセン》 쓰지《ッスジ》 마라《マラ》.

エンタメ

医療ドラマ

医療ドラマはお好きですか?

메디컬 드라마를 좋아하세요?

メディコル　トゥラマルル　チョアハセヨ

病院で恋愛するドラマでしょう?

병원에서 연애하는 드라마지요?

ピョンウォネソ　ヨネハヌン　トゥラマジヨ

漢字語
병원ピョンウォン (病院)

白衣がよく似合いますね。

흰 가운이 잘 어울려요.

ヒン　ガウニ　チャル　オウルリョヨ

＊흰 가운ヒン　ガウンは「白いガウン」。

子どもの頃医者になりたかったんですって。

어릴 때 의사가 되고 싶었대요.

オリル　ッテ　ウイサガ　トェゴ　シポッテヨ

実際の医者とは違うでしょうね。

실제 의사들과는 다르겠죠.

シルチェ　ウイサドゥルグァヌン　タルゲッチョ

出血する場面が見られません。

피 나오는 장면을 못 봐요.

ピ　ナオヌン　チャンミョヌル　モッ　ポァヨ

漢字語
장면チャンミョン (場面)

あとどのくらい生きられますか?

저 얼마나 살 수 있어요?

チョ　オルマナ　サル　ス　イッソヨ

医者である私にもはっきりわかりません。

의사인 저도 정확히 알 수 없습니다.

ウィサイン　チョド　チョンファキ　アル　ス　オプスムニダ

直訳
「医者である私も正確に知ることができません」

余命宣告されました。

시한부 선고 받았어요.

シハンブ　ソンゴ　パダッソヨ

漢字語
시한부 선고シハンブ　ソンゴ（時限付宣言）

もっとちゃんと生きなきゃと思いました。

열심히 살고 싶어졌어요.

ヨルシミ　サルゴ　シポジョッソヨ

直訳
「熱心に生きたくなりました」

みんな死ぬのは怖いですから。

누구나 죽음 앞에 두려우니까요.

ヌグナ　チュグム　アペ　トゥリョウニッカヨ

ため口 痛みを感じるって生きているということだよ。

고통이 있다는 건 살아 있다는 거야.

コトンイ　イッタヌン　ゴン　サラ　イッタヌン　ゴヤ

ため口 患者が第一だろう!

환자 살려야지!

ファンジャ　サルリョヤジ

漢字語
환자ファンジャ（患者）

直訳
「患者を助けなきゃ」

エンタメ

家族ドラマ

疲れた時には**家族**ドラマがいいです。

힘들《ヒムドゥル》 땐《ッテン》 가족《カジョク》 드라마가《トゥラマガ》 좋아요《チョアヨ》.

漢字語
가족カジョク（家族）

これもあり得ないストーリーですね。

이것도《イゴット》 막장《マクチャン》 드라마네요《トゥラマネヨ》.

＊**막장**マクチャンは「どん詰まり」という意味で、出生の秘密、不治の病、財閥のお家事情など、現実とは掛け離れたストーリーのドラマを**막장 드라마**マクチャン トゥラマという。

また**記憶喪失**ですか?

또《ット》 기억《キオク》 상실이에요《サンシリエヨ》?

漢字語
기억 상실キオク サンシル（記憶喪失）

嫁姑問題がないとドラマじゃないですもんね。

고부《コブ》 갈등이《ガルトゥンイ》 안《アン》 나오면《ナオミョン》 드라마《トゥラマ》 아니죠《アニジョ》.

漢字語
고부 갈등コブ ガルトゥン（姑婦葛藤）

ドラマで韓国**文化**を学んでいます。

드라마로《トゥラマロ》 한국《ハングン》 문화를《ムヌァルル》 배워요《ペウォヨ》.

漢字語
문화ムヌァ（文化）

こういう**伝統的**な家族はまだ多いですか?

이런《イロン》 전통적인《チョントンジョギン》 가족이《カジョギ》 아직《アジク》 많아요《マナヨ》?

漢字語
전통적チョントンジョク（伝統的）

ため口 私は姑と同居なんて考えてないわ。

내《ネ》 인생에《インセンエ》 시집살이《シジㇷ゚サリ》 없을《オㇷ゚スル》 거야《コヤ》.

直訳
「私の人生に嫁暮らしはないでしょう」

ため口 結婚ってしなきゃならないものかしら。

결혼은《キョロヌン》 선택인지《ソンテギンジ》 필수인지《ピㇽスインジ》.

漢字語
필수ピㇽス（必須）

直訳
「結婚は選択なのか必須なのか」

ため口 こんなつらい人生、私だけ?

나만《ナマン》 사는《サヌン》 게《ゲ》 이리《イリ》 힘들어《ヒㇺドゥロ》?

直訳
「私だけ生きるのがこんなにつらい?」

ため口 まったく！ ほんとついてないわ。

아이고《アイゴ》! 내《ネ》 팔자야《パㇽチャヤ》.

＊**팔자**パㇽチャは漢字で「八字」と書き「運命、星回り」という意味。直訳すると「やれやれ！私の運命よ」で、思い通りにならない時に嘆くセリフ。

ため口 自分のために生きてきたことないわ。

나를《ナルㇽ》 위해서《ウィヘソ》 살아《サラ》 본《ボン》 적이《ジョギ》 없어《オㇷ゚ソ》.

ため口 母さんに文句ばかり言ってたって、俺は息子じゃないか。

엄마한테《オㇺマハンテ》 못되게《モットェゲ》 했어도《ヘッソド》 나《ナ》 아들인데《アドゥリンデ》.

ため口 無職の分際で生意気なことを。

백수《ペㇰス》 주제에《チュジェエ》 건방지게《コンバンジゲ》.

漢字語
백수ペㇰス（白手）
＊白手は無職のこと。

エンタメ

歴史ドラマ

韓服の衣装が立派ですね。

한복《ハンボㇰ》 의상이《ウイサンイ》 화려해요《ファリョヘヨ》.

＊チマチョゴリの「チマ」は「スカート」。女性が着る韓服だけを指す。男性が着るズボンタイプのものも含めて韓国の民族衣装を**한복**ハンボㇰ（韓服）という。

時代劇の衣装も格好いいです。

사극《サグㇰ》 분장도《プンジャンド》 멋있어요《モシッソヨ》.

漢字語
사극サグㇰ（史劇）

創作時代劇が面白いです。

퓨전《ピュジョン》 사극이《サグギ》 재미있어요《チェミイッソヨ》.

＊**퓨전**ピュジョンは英語の「fusion」（フュージョン＝融合）で、ファンタジーやフィクションを織り交ぜた時代劇のことをいう。

これはどの時代のお話ですか？

이게《イゲ》 어느《オヌ》 시대《シデ》 이야기예요《イヤギエヨ》?

時代劇の言葉遣いが聞き取りにくいです。

사극《サグン》 말투가《マㇽトゥガ》 알아듣기《アラドゥッキ》 어려워요《オリョウォヨ》.

事実とフィクションの区別がつきません。

사실과《サシㇽグァ》 허구를《ホグルㇽ》 구별《クビョㇽ》 못해요《モテヨ》.

漢字語
허구ホグ（虚構）

入れ。

들라 하라.

トゥルラ　ハラ

＊日本と同様、時代劇のセリフは現代の日常生活では使わない。

面を上げよ。

고개를 들거라.

コゲルル　トゥルゴラ

言うてみよ。聞こうではないか。

말해 보거라. 다 들어 주마.

マレ　ボゴラ　タ　トゥロ　ジュマ

誰かおらぬか！

게 누구 있느냐!

ケ　ヌグ　インヌニャ

直訳
「そこに誰かいるか！」

ありがたき幸せです。

성은이 망극하옵니다.

ソンウニ　マングカオムニダ

直訳
「聖恩の限りでございます」

恐れ多くも申し上げます。

아뢰옵기 황공하오나.

アルェオプキ　ファンゴンハオナ

直訳
「申し上げるには恐れ多いのですが」

私は王になりとうございます。

나는 왕이 되고 싶소이다.

ナヌン　ワンイ　トェゴ　シプソイダ

知っ得!

韓国人の感性を決定づけた小説「夕立」

韓国のドラマを見ていると、初恋へのこだわりを強く感じます。また不治の病の設定も多いですよね。そして突然雨が降り男女が上着をかぶって走るシーン…。これは韓流ドラマの原点に、황순원ファン・スンウォン（黄順元）の小説『소나기ソナギ（夕立）』があるからだといわれています。あらすじは次の通りです。

「田舎の少年が都会から来た少女と知り合い距離を縮める過程で、夕立にあい雨宿りをする。雨で川が溢れたので少年は少女を背負って帰る。その後、少女は体調が悪化し死んでしまう。少女は夕立の日に着ていた服を着せて埋めてくれという遺言を残した」

この『소나기ソナギ』が韓国人に及ぼした影響について、2001年の大ヒット映画『猟奇的な彼女』の登場人物キョヌ（チャ・テヒョン）が説明してくれています。

「韓国人が思春期に読んで一番感動するのは、ファン・スンウォンの『소나기ソナギ』だろ？　あの小説が韓国人の感性を決めたんだ。悲しい映画を好きなのもそのせいだ。死んでいく女の子が負ぶってもらった日の服を着せて埋めてくれって言うのが悲しいじゃないか」。

実際、『소나기ソナギ』は中学校の教科書に登場し、韓国人なら知らない人はいないといわれている作品です。しかし『猟奇的な彼女』の「彼女」（チョン・ジヒョン）は、『소나기ソナギ』に文句をつけて、まさに「猟奇的な」改変版を提案しています。

「『소나기ソナギ』のどこが悲しいの？　ラストがダメね。自分が死んだら背負ってくれた少年も一緒に埋めてくれって言わなきゃ。それも生きたまま」。

11

場面別

暮らし

暮らし

月日・曜日

今日は何日ですか?

오늘은《オヌルン》 며칠이에요《ミョチリエヨ》?

入れ替え
「明日は」 내일은ネイルン

何曜日ですか?

무슨《ムスン》 요일이에요《ヨイリエヨ》?

今週末は何をしますか?

이번《イボン》 주말에《チュマレ》 뭐《ムォ》 해요《ヘヨ》?

来月、韓国に行きます。

다음《タウム》 달에《タレ》 한국에《ハングゲ》 가요《カヨ》.

入れ替え
「年末に」
연말에ヨンマレ

先週、引っ越しました。

지난주에《チナンジュエ》 이사했어요《イサヘッソヨ》.

入れ替え
「先月」
지난달에チナンダレ

明日は休日です。

내일《ネイル》 쉬는《スィヌン》 날이에요《ナリエヨ》.

1月 일월《イルォル》	2月 이월《イウォル》	3月 삼월《サムォル》
4月 사월《サウォル》	5月 오월《オウォル》	6月 유월《ユウォル》
7月 칠월《チルォル》	8月 팔월《パルォル》	9月 구월《クウォル》
10月 시월《シウォル》	11月 십일월《シビルォル》	12月 십이월《シビウォル》
月曜日 월요일《ウォリョイル》	火曜日 화요일《ファヨイル》	水曜日 수요일《スヨイル》
木曜日 목요일《モギョイル》	金曜日 금요일《クミョイル》	土曜日 토요일《トヨイル》
日曜日 일요일《イリョイル》	今週 이번《イボン》 주《チュ》	来週 다음《タウム》 주《チュ》

暮らし

時間

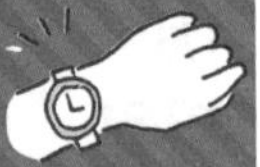

今、何時ですか?

지금 몇 시예요?

チグㇺ　ミョッ　シエヨ

5時半です。

다섯 시 반이에요.

タソ　ッシ　パ ニエヨ

入れ替え
「4時10分」
네 시 십 분
ネ シ シㇷ゚ プン

3時に約束があります。

세 시에 약속이 있어요.

セ　シエ　ヤㇰソギ　イッソヨ

何時に出発しますか?

몇 시에 출발해요?

ミョッ　シエ　チュㇽバレヨ

入れ替え
「到着しますか?」
도착해요?トチャケヨ

ここから1時間かかります。

여기서 한 시간 걸려요.

ヨギソ　ハン　シガン　コㇽリョヨ

入れ替え
「2時間」
두 시간トゥ　シガン
「3時間半」
세 시간 반セ　シガン　パン

何時の予約ですか?

몇 시 예약이예요?

ミョッ　シ　イェヤギエヨ

1時 한《ハン》 시《シ》	2時 두《トゥ》 시《シ》	3時 세《セ》 시《シ》
4時 네《ネ》 시《シ》	5時 다섯《タソ》 시《ッシ》	6時 여섯《ヨソッ》 시《シ》
7時 일곱《イルゴㇷ゚》 시《シ》	8時 여덟《ヨドル》 시《シ》	9時 아홉《アホㇷ゚》 시《シ》
10時 열《ヨル》 시《シ》	11時 열한《ヨラン》 시《シ》	12時 열두《ヨルトゥ》 시《シ》
午前 오전《オジョン》	午後 오후《オフ》	5分 오《オ》 분《ブン》
10分 십《シㇷ゚》 분《プン》	15分 십오《シボ》 분《ブン》	20分 이십《イシㇷ゚》 분《プン》
30分 삼십《サㇺシㇷ゚》 분《プン》	45分 사십오《サシボ》 분《ブン》	50分 오십《オシㇷ゚》 분《プン》

暮らし

天気

天気がいいですね。

날씨가《ナㇽシガ》 좋네요《チョンネヨ》.

入れ替え
「よくないですね」
안 좋네요アン　ジョンネヨ

思ったより寒いです。

생각보다《センガㇰポダ》 추워요《チュウォヨ》.

入れ替え
「暑いです」
더워요トウォヨ

とても暖かくなりました。

많이《マニ》 따뜻해졌어요《ッタットゥテジョッソヨ》.

入れ替え
「涼しくなりました」
시원해졌어요《シウォネジョッソヨ》

暑くてじめじめしています。

덥고《トㇷ゚コ》 습합니다《スパㇺニダ》.

朝、天気予報見ましたか?

아침에《アチメ》 일기《イㇽギ》 예보《イェボ》 봤어요《ポアッソヨ》?

漢字語
일기 예보イㇽギ　イェボ（日気予報）

天気予報によると雨が降るそうです。

일기《イㇽギ》 예보에《イェボエ》 따르면《ッタルミョン》 비가《ピガ》 온대요《オンデヨ》.

晴
맑음《マルグム》

曇り
흐림《フリム》

雨
비《ピ》

雪
눈《ヌン》

雷
천둥《チョンドゥン》 번개《ボンゲ》

霧
안개《アンゲ》

夕立
소나기《ソナギ》

黄砂
황사《ファンサ》

PM2.5
미세《ミセ》 먼지《モンジ》

嵐
폭풍우《ポㇰプンウ》

台風
태풍《テプン》

小雨
이슬비《イスルビ》

晴のち曇り
맑은《マルグン》 뒤《トゥィ》 흐림《フリム》

一時雨または雪
한때《ハンッテ》 비《ピ》 또는《ットヌン》 눈《ヌン》

曇りときどき雨
흐리고《フリゴ》 때때로《ッテッテロ》 비《ピ》

初雪
첫눈《チョンヌン》

＊韓国では初雪に多くのジンクスがあり、初雪の日の告白やデートなどが、ドラマや映画でもよく扱われている。

初雪が降る日に告白するとうまくいく。
첫눈이《チョンヌニ》 오는《オヌン》 날에《ナㇾ》 고백하면《コベカミョン》 이뤄진다《イルォジンダ》.

暮らし

学校

授業を始めましょう。

수업을《スオブㇽ》 시작합시다.《シジャカㇷ゚シダ》

漢字語
수업スオㇷ゚(授業)

出席をとります。

출석을《チュㇽソグㇽ》 부르겠어요.《プルゲッソヨ》

漢字語
출석チュㇽソㇰ(出席)

静かにしなさい。

조용히《チョヨンヒ》 하세요.《ハセヨ》

わかりましたか?

알겠어요?《アㇽゲッソヨ》

質問ありますか?

질문이《チルムニ》 있어요?《イッソヨ》

漢字語
질문チルムン(質問)

教科書を開いてください。

교과서를《キョグァソルㇽ》 펴세요.《ピョセヨ》

入れ替え
「伏せてください」
덮으세요トㇷ゚セヨ

後に続いて読みなさい。

따라《ッタラ》 읽어《イルゴ》 보세요《ボセヨ》.

辞書を引きなさい。

사전을《サジョヌル》 찾아《チャジャ》 보세요《ボセヨ》.

漢字語
사전《サジョン》 (辞典)

時間になりました。

시간《シガン》 다《タ》 되었어요《トェオッソヨ》.

授業を終わります。

수업을《スオブル》 마치겠습니다《マチゲッスムニダ》.

先生、わからないことがあります。

선생님《ソンセンニム》 모르는《モルヌン》 게《ゲ》 있어요《イッソヨ》.

＊**님**《ニム》は「様」にあたる敬称。日本では先生 (**선생**《ソンセン》) に敬称はつけないが、韓国語では敬称をつける。

先生！ 宿題終わりました。

쌤《ッセム》! 숙제《スクチェ》 다《タ》 했어요《ヘッソヨ》.

＊**쌤**《ッセム》は、**선생님**《ソンセンニム》(先生) の略語。親しい間柄でのみ使う。

もう一度説明してください。

다시《タシ》 한번《ハンボン》 설명해《ソルミョンヘ》 주세요《ジュセヨ》.

暮らし

入学・卒業

＊대학《テハㇰ》 수학《スハン》 능력《ヌンニョㇰ》 시험《シホㇺ》
(大学修学能力試験)

修能（センター試験）、どうでしたか?

수능《スヌン》 어땠어요?《オッテッソヨ》

漢字語
학교ハㇰキョ（学校）

行きたい学校に合格しました。

가고《カゴ》 싶던《シㇷ゚トン》 학교에《ハㇰキョエ》 붙었어요.《プトッソヨ》

漢字語
입학イパㇰ（入学）

入学おめでとうございます。

입학《イパㇰ》 축하합니다.《チュカハㇺニダ》

漢字語
입시イㇷ゚シ（入試）

大学入試、落ちました。

대학《テハㇰ》 입시에《イㇷ゚シエ》 떨어졌어요.《ットロジョッソヨ》

韓国の入試

수능スヌンは、11月に全国一斉に行われます。学歴偏重の韓国では、受験生にかかる重圧は計り知れず、企業が出勤時間を調節したり、迷子の受験生をパトカーや白バイが送ったりするなど、社会全体で受験生に協力します。
これまで韓国では、高収入を得られる大企業に就職するためには、よい大学に進学することが必須だと考えられ、大学進学率は80%近くありました。しかし最近では、大学を卒業しても就職が保障されるわけではなく、進学率も60%台に急落し、代わりに高校卒業後の就業率が上がってきています。

何年入学ですか?

학번이《ハㇰポニ》 어떻게《オットケ》 돼요?《ドェヨ》

直訳
「学番がどのようになっていますか?」

漢字語
학번ハㇰポン (学番)
*下記コラム参照。

期末試験が近づいてきました。

기말시험이《キマㇽシホミ》 다가왔어요.《タガワッソヨ》

漢字語
시험シホㇺ (試験)

卒業できそうです。

졸업할《チョロパㇽ》 수《ス》 있을《イッスㇽ》 것《コッ》 같아요.《カタヨ》

写真サークルに入りました。

사진《サジン》 서클에《ソクレ》 가입했어요.《カイペッソヨ》

入れ替え
「ダンス」
댄스テンス
「美術」
미술ミスㇽ

授業料払うためにバイトしないといけません。

등록금《トゥンノㇰㇰㇺ》 때문에《ッテムネ》 알바《アㇽバ》 해야《ヘヤ》 돼요.《ドェヨ》

漢字語
등록금トゥンノㇰㇰㇺ (登録金)

*아르바이트アㇽバイトゥを短縮して알바アㇽバという。

数え方の違い

日本と韓国では浪人の数え方が違います。韓国では受験した回数を数えるので、現役が1回目受験、2回目受験が재수チェス (再修)、3回目の受験は삼수サㇺス (三修) となります。日本では浪人した年数を数えるので、韓国語の삼수サㇺス(三修) は3回目受験、すなわち「二浪」となります。
また、韓国では留学、企業でのインターン、資格取得の勉強、兵役などの理由で休学する学生も多いため、「何年生?」と聞くより、学籍番号 (学番) の入学年度をたずねるのが一般的です。

暮らし

仕事場

次長さんはいらっしゃいますか?

차장님《チャジャンニム》 계세요?《ケセヨ》

漢字語
차장チャジャン（次長）
＊**님**ニムは日本語の「様」にあたるが、「役職＋さん」くらいの意味で使われる。

係長は席を外しておりますが。

계장님은《ケジャンニムン》 자리에《チャリエ》 안《アン》 계시는데요.《ゲシヌンデヨ》

直訳
「係長様は、席にいらっしゃいませんが」
＊韓国では社外の人に対しても、自社の上司に尊敬語を使う。

部長は会議中です。

부장님은《プジャンニムン》 회의《フェイ》 중이십니다.《ジュンイシムニダ》

漢字語
회의 중フェイ ジュン（会議中）

入れ替え
「社長」
사장サジャン

すぐにおつなぎいたします。（電話）

바로《パロ》 연결해《ヨンギョレ》 드리겠습니다.《ドゥリゲッスムニダ》

漢字語
연결ヨンギョル（連結）

メモをお願いします。

메모《メモ》 좀《チョム》 남겨《ナムギョ》 주세요.《ジュセヨ》

直訳
「メモを残してください」

今日のプレゼン、どうでしたか?

오늘《オヌル》 발표《パルピョ》 잘했어요?《チャレッソヨ》

漢字語
발표パルピョ（発表）
프레젠테이션（プレジェンテイション）ともいう。

会議はうまくいきましたか?

회의는《フェイヌン》 잘《チャル》 마무리되었나요?《マムリドェオンナヨ》

直訳
「会議はちゃんと締めくくられましたか?」

10部コピーしてください。

십《シㇷ゚》 부《プ》 복사해《ポㇰサヘ》 주세요.《ジュセヨ》

漢字語
복사ポㇰサ (複写)

お疲れさまでした。

수고하셨습니다.《スゴハショッスㇺニダ》

お先に失礼します。

먼저《モンジョ》 가《カ》 보겠습니다.《ボゲッスㇺニダ》

決済お願いします。

결제《キョㇽチェ》 부탁드립니다.《プタㇰトゥリㇺニダ》

漢字語
결제キョㇽチェ (決済)

経費で落とせますよね?

경비로《キョンビロ》 처리할《チョリハㇽ》 수《ス》 있죠?《イッチョ》

漢字語
처리チョリ (処理)

報告書はまだできていません。

보고서는《ポゴソヌン》 아직《アジㇰ》 다《タ》 못《モッ》 썼어요.《ッソッソヨ》

暮らし

就職から退職まで

私はインターンです。

저 인턴이에요.

저《チョ》 인턴이에요《イントニエヨ》.

まだ研修中です。

아직 수습 기간이에요.

아직《アジㇰ》 수습《ススㇷ゚》 기간이에요《キガニエヨ》.

漢字語
수습 기간ススㇷ゚　キガン（修習期間）

入社して2年経ちました。

입사한 지 이 년이 지났어요.

입사한《イㇷ゚サハン》 지《ジ》 이《イ》 년이《ニョニ》 지났어요《チナッソヨ》.

漢字語
입사イㇷ゚サ（入社）

正社員は「夢のまた夢」です。

정규직이 ‘하늘의 별 따기’예요.

정규직이《チョンギュジギ》 ‘하늘의《ハヌレ》 별《ピョㇽ》 따기’예요《ッタギエヨ》.

＊「夢のまた夢」の直訳は「空の星を取ること」。

漢字語
정규직チョンギュジㇰ（正規職）

有給とれますか?

월차를 낼 수 있어요?

월차를《ウォルチャルㇽ》 낼《ネㇽ》 수《ス》 있어요?《イッソヨ》

漢字語
월차ウォルチャ（月次）

今日も残業です。

오늘도 야근이에요.

오늘도《オヌㇽド》 야근이에요《ヤグニエヨ》.

漢字語
야근ヤグン（夜勤）。「残業」の意味で使われる。
＊日本語の意味の「夜勤」は**야간 근무**ヤガン　クンム（夜間勤務）

お仕事は順調ですか?

직장《チㇰチャン》 생활이《センファリ》 어떠세요?《オットセヨ》

漢字語
직장 생활チㇰチャン　センファㇽ (職場生活)

大変ですがやりがいがあります。

좀《チョㇺ》 힘들지만《ヒㇺドゥㇽジマン》 보람이《ポラミ》 있어요.《イッソヨ》

転職したいです。

직장을《チㇰチャンウㇽ》 옮기고《オㇺギゴ》 싶어요.《シポヨ》

直訳
「職場を移りたいです」

今回、昇進できそうです。

이번에《イボネ》 승진할《スンジナㇽ》 것《コッ》 같아요.《カタヨ》

定年退職おめでとうございます。

정년《チョンニョン》 퇴임을《トェイムㇽ》 축하합니다.《チュカハㇺニダ》

漢字語
퇴임トェイㇺ (退任)

職責・職位

○「職責」직책チㇰチェㇰ：職務の権限・責任を持つ人
「チーム長」팀장ティㇺジャン、「本部長」본부장ポンブジャン、
「事業部長」사업 부장サオㇷ゚　プジャン、「室長」실장シㇽチャン　など
○「職位」직위チグィ：いわゆる序列
「主任」주임チュイㇺ、「代理」대리テリ、「課長」과장クァジャン、「部長」부장プジャン、
「常務」상무サンム、「理事」이사イサ、「社長」사장サジャン　など

暮らし

メール・PC

近くにネットカフェはありますか?

근처에《クンチョエ》 PC방이《ピシバンイ》 있어요《イッソヨ》?

＊韓国のPC방ピシバンは、ネットゲームをするために行く人が多い。

ちょっと検索したいんですが。

검색《コㇺセㇰ》 좀《チョㇺ》 하고《ハゴ》 싶은데요《シプンデヨ》.

漢字語
검색コㇺセㇰ (検索)

メールアドレスを教えていただけますか?

이메일《イメイㇽ》 주소가《チュソガ》 어떻게《オットケ》 돼요《トェヨ》?

漢字語
주소チュソ (住所)

フリーズして困っているところです。

프리징돼서《プリジンドェソ》 고생《コセン》 중이에요《ジュンイエヨ》.

ウィルスに感染したんじゃないですか?

바이러스에《パイロスエ》 감염된《カミョㇺドェン》 게《ゲ》 아니에요《アニエヨ》?

メールを確認してください。

메일을《メイルㇽ》 확인해《ファギネ》 주세요《ジュセヨ》.

漢字語
확인ファギン (確認)

ノートパソコンの充電をしたいのですが。

노트북을 충전하고 싶은데요.

ノトゥブグㇽ　チュンジョナゴ　シプンデヨ

充電できません。

충전되지 않습니다.

チュンジョンドェジ　アンスㇺニダ

漢字語
충전チュンジョン（充電）

インターネットケーブルはありますか?

인터넷 케이블이 있어요?

イントネッ　ケイブリ　イッソヨ

添付ファイルが開けません。

첨부 파일 다운로드가 안 돼요.

チョㇺブ　パイㇽ　タウンロドゥガ　アン　ドェヨ

直訳
「添付ファイルのダウンロードができません」

ネットにつながりません。

인터넷 연결이 안 돼요.

イントネッ　ヨンギョリ　アン　ドェヨ

私にもCCで送ってください。

저에게도 참조로 보내 주세요.

チョエゲド　チャㇺジョロ　ポネ　ジュセヨ

漢字語
참조チャㇺジョ（参照）

入れ替え
「BCC」
숨은 참조スムン　チャㇺジョ
（隠れた参照）

パスワードを教えてください。

비밀번호를 알려 주세요.

ピミㇽボノルㇽ　アㇽリョ　ジュセヨ

漢字語
비밀번호ピミㇽボノ（秘密番号）

暮らし

スマホ・SNS

ポケットWi-Fiを借りたいです。

포켓《ポケッ》 와이파이를《ワイパイルル》 빌리고《ピルリゴ》 싶어요《シポヨ》.

バッテリーが切れました。

밧데리가《パッテリガ》 떨어졌어요《ットロジョッソヨ》.

漢字語
통화《トンファ》 (通話)

もしもし、今電話しても大丈夫ですか?

여보세요《ヨボセヨ》, 지금《チグム》 통화해도《トンファヘド》 괜찮아요《クェンチャナヨ》?

直訳
「切ります」

それでは。

끊을게요《ックヌルケヨ》.

漢字語
선불《ソンブル》 (先払)

プリペイド式携帯電話はどこで買えますか?

선불폰은《ソンブルポヌン》 어디서《オディソ》 구할《クハル》 수《ス》 있어요《イッソヨ》?

＊**유심 칩**《ユシム　チプ》は英語で「usim　chip」。

SIMカードを買いたいです。

유심《ユシム》 칩을《チブル》 사고《サゴ》 싶어요《シポヨ》.

設定までしていただけますか?

설정까지 해 주시겠어요?

ソルチョンカジ　へ　ジュシゲッソヨ

漢字語

설정ソルチョン（設定）

Wi-Fiがつながりません。

와이파이가 안 터져요.

ワイパイガ　アン　トジョヨ

ツイッター、**フォロー**しました。

트위터 **팔로우**했어요.

トゥウィト　パルロウヘッソヨ

いいね！**コメント**、お願いします。

좋아요! **댓글** 부탁해요.

チョアヨ　テックル　プタケヨ

フェイスブックの友達申請してもいいですか?

페북 친구 신청해도 돼요?

ペブク　チング　シンチョンヘド　ドェヨ

＊**페이스북**ペイスブク（フェイスブック）は縮めて**페북**ペブクという。

カカオトークのID、教えてください。

카톡 ID 알려 주세요.

カトク　アイディ アルリョ　ジュセヨ

＊**카카오톡**カカオトク（カカオトーク）は縮めて**카톡**カトクという。

ハングルの**スタンプ**がかわいいですね。

한글 **스탬프**가 예쁘네요.

ハングル　ステムプガ　イェップネヨ

暮らし

トラブル①

太ったみたいです。

살찐《サルチン》 것《ゴッ》 같아요《カタヨ》.

直訳
「肉がついたようです」

ズボンがきついです。

바지가《パジガ》 꽉《ッグァク》 껴요《ッキョヨ》.

入れ替え
「スカートが」
치마가《チマガ》

前髪を切って失敗しました。

앞머리를《アムモリルル》 잘못《チャルモッ》 잘랐어요《チャルラッソヨ》.

ストッキングが伝線しました。

스타킹《スタキン》 올이《オリ》 나갔어요《ナガッソヨ》.

泣きすぎて目がはれました。

많이《マニ》 울어서《ウロソ》 눈이《ヌニ》 부었어요《プオッソヨ》.

入れ替え
「顔が」
얼굴이《オルグリ》

メガネ、家に忘れてきました。

안경《アンギョン》 집에《チベ》 두고《トゥゴ》 왔어요《ワッソヨ》.

漢字語
안경《アンギョン》 (眼鏡)

入れ替え
「財布」
지갑《チガプ》

私、今、一文無しです。

저《チョ》 지금《チグㇺ》 빈털터리예요《ピントㇽトリエヨ》.

私の投稿に悪質なコメントがつきました。

제《チェ》 포스팅《ポスティン》 글에《クレ》 악플이《アㇰプリ》 달렸어요《タㇽリョッソヨ》.

友達が私のメッセージを無視します。

친구가《チングガ》 내《ネ》 문자를《ムンチャルㇽ》 씹어요《ッシボヨ》.

入れ替え
「彼氏が」
남친이《ナㇺチニ》
「彼女が」
여친이《ヨチニ》

（電話を）かけ間違えました、すみません。

잘못《チャㇽモッ》 걸었어요《コロッソヨ》, 죄송해요《チェソンヘヨ》.

家の鍵をなくしました。

집《チㇺ》 열쇠를《ニョㇽスェルㇽ》 잃어버렸어요《イロボリョッソヨ》.

ケータイを地下鉄に忘れてきました。

핸드폰을《ヘンドゥポヌㇽ》 지하철에《チハチョレ》 두고《トゥゴ》 내렸어요《ネリョッソヨ》.

直訳
「ケータイを地下鉄に置いて降りました」

どうすればいいですか？

어떻게《オットケ》 해야《ヘヤ》 돼요《ドェヨ》?

トラブル②

救急車を呼んでください。

구급차를 불러 주세요.

クグㇷ゚チャルル　プルロ　ジュセヨ

入れ替え
「警察を」
경찰을キョンチャルル

ひったくりにあいました。

날치기 당했어요.

ナルチギ　タンヘッソヨ

入れ替え
「スリ」
소매치기ソメチギ

近くに交番はありませんか?

이 근처에 파출소가 있습니까?

イ　グンチョエ　パチュルソガ　イッスムニッカ

漢字語
파출소パチュルソ（派出所）

パスポートを紛失しました。

여권을 분실했어요.

ヨクォヌル　プンシレッソヨ

漢字語
분실プンシル（紛失）

紛失届けはどこで出せばいいですか?

분실 신고를 어디 가서 해야 돼요?

プンシル　シンゴルル　オディ　カソ　ヘヤ　ドェヨ

漢字語
신고シンゴ（申告）

大使館の電話番号を教えてください。

대사관 전화번호를 알려 주세요.

テサグァン　チョヌァボノルル　アルリョ　ジュセヨ

入れ替え
「警察署」
경찰서キョンチャルソ
「旅行会社」
여행사ヨヘンサ

すみませんが、道をおたずねします。

실례지만《シルレジマン》 길《キル》 좀《チョム》 묻겠습니다《ムッケッスムニダ》.

助けて！

살려《サルリョ》 줘《ジュォ》!

明洞に行くには、この道で合ってますか?

이《イ》 길이《キリ》 명동으로《ミョンドンウロ》 가는《カヌン》 길이《キリ》 맞아요《マジャヨ》?

入れ替え
「地下鉄の駅に」
지하철《チハチョル》 역으로《ヨグロ》

連れとはぐれてしまったのですが。

일행과《イレングァ》 떨어졌는데요《ットロジョンヌンデヨ》.

漢字語
일행《イレン》 (一行)

日本語のわかる方はいませんか?

일본어를《イルボノルル》 할《ハル》 줄《チュル》 아는《アヌン》 분이《ブニ》 없어요《オプソヨ》?

火事です！

불이《プリ》 났어요《ナッソヨ》!

地震？ 火を消してください。

지진《チジン》? 불을《プルル》 끄세요《ックセヨ》.

漢字語
지진《チジン》 (地震)

暮らし

薬局

蚊に刺されたんですが。

모기에《モギエ》 물렸는데요《ムルリョンヌンデヨ》.

かゆみ止めをください。

모기약을《モギヤグル》 주세요《チュセヨ》.

＊**모기약**モギヤクは「蚊の薬」。「虫刺されの薬」は**벌레 물린 데 바르는 약**ポルレ ムルリン デ パルヌン ニャクという。

靴ずれしたのですが。

뒤꿈치가《トィックムチガ》 까졌어요《ッカジョッソヨ》.

直訳
「かかとがすりむけました」

ばんそうこうありますか?

밴드《ペンドゥ》 있어요《イッソヨ》?

＊**밴드**ペンドゥ (band) のほかに、ばんそうこうを韓国語読みして**반창고**パンチャンゴともいう。

これ、せき止めの薬ですか?

이거《イゴ》 기침약이에요《キチムニャギエヨ》?

小さいサイズの使い捨てカイロありますか?

작은《チャグン》 사이즈《サイジュ》 핫팩이《ハッペギ》 있어요《イッソヨ》?

＊**핫팩**ハッペクは英語の「hot pack」。

よく効く**風邪薬**をください。

잘 듣는 감기약을 주세요.

チャル　トゥンヌン　カムギヤグル　チュセヨ

入れ替え
「痛み止めを」
진통제를チントンジェルル
「下痢止めを」
설사약을ソルサヤグル

何日**飲めば**いいですか?

며칠 간 복용하면 돼요?

ミョチル　ガン　ポギョンハミョン　トェヨ

漢字語
복용ポギョン（服用）

ほかの**薬**を**飲んで**いますが**大丈夫**ですか?

다른 약을 먹고 있는데 괜찮아요?

タルン　ヤグル　モクコ　インヌンデ　クェンチャナヨ

花粉アレルギー用の**目薬**ありますか?

꽃가루 알레르기용 안약 있어요?

ッコッカル　アルレルギヨン　アニャク　イッソヨ

入れ替え
「鼻炎薬」
비염약ピヨムニャク

錠剤じゃなくて**液体**にしてください。

알약 말고 물약으로 주세요.

アルリャン　マルゴ　ムルリャグロ　チュセヨ

入れ替え
「塗り薬に」
바르는 약으로
パルヌン　ニャグロ

PM2.5用のマスク、どれがいいですか?

미세 먼지 마스크 어떤 게 좋아요?

ミセ　モンジ　マスク　オットン　ゲ　チョアヨ

＊PM2.5は**미세**ミセ（微細）**먼지**モンジ（ほこり）という。

どれが一番**性能**がいいですか?

어느 것이 제일 성능이 좋아요?

オヌ　コシ　チェイル　ソンヌンイ　チョアヨ

漢字語
성능ソンヌン（性能）

暮らし

症状を伝える①

朝からお腹が痛いです。

아침부터《アチムブト》 배가《ペガ》 아파요《アパヨ》.

入れ替え
「昨日の夜から」어젯밤부터オジェッパムブト

食べすぎて胃もたれしています。

너무《ノム》 많이《マニ》 먹어서《モゴソ》 체했어요《チェヘッソヨ》.

＊韓国には、胃もたれや消化不良の時、指の爪の付け根に針をさして血を抜くという民間療法がある。

食中毒かもしれません。

식중독일지도《シクチュンドギルチド》 모릅니다《モルムニダ》.

漢字語
식중독シクチュンドク（食中毒）

胸が苦しくてみぞおちが痛いです。

가슴이《カスミ》 답답하고《タプタパゴ》 명치가《ミョンチガ》 아파요《アパヨ》.

入れ替え
「横腹」
옆구리ヨプクリ
「下腹」
아랫배アレッペ

下痢がひどいです。

설사가《ソルサガ》 심해요《シメヨ》.

入れ替え
「頭痛が」
두통이トゥトンイ

昨日、生ものを食べました。

어제《オジェ》 날것을《ナルゴスル》 먹었어요《モゴッソヨ》.

さっき、吐きました。

조금《チョグㇺ》 전에《ジョネ》 토했어요《トヘッソヨ》.

熱があるようです。

열이《ヨリ》 있는《インヌン》 것《ゴッ》 같아요《カタヨ》.

漢字語
열ヨㇽ (熱)

体がだるいです。

몸살이《モㇺサリ》 났어요《ナッソヨ》.

＊몸살モㇺサルは、体が非常に疲れた時に、腕と脚がうずき、だるく、力がなく、悪寒がする状態をいう。風邪とは区別される。

風邪をひきました。

감기《カㇺギ》 걸렸어요《コㇽリョッソヨ》.

漢字語
감기カㇺギ (感気)

のどがはれて声が出ません。

목이《モギ》 부어서《プオソ》 목소리가《モㇰソリガ》 안《アン》 나와요《ナワヨ》.

入れ替え
「扁桃腺が」
편도선이ピョンドソニ

せきが止まりません。

기침이《キチミ》 멈추지《モㇺチュジ》 않아요《アナヨ》.

入れ替え
「くしゃみが」
재채기가チェチェギガ

鼻水がずっと続いています。

콧물이《コンムリ》 계속《ケソㇰ》 나와요《ナワヨ》.

暮らし

症状を伝える②

じんましんでかゆいです。

두드러기가《トゥドゥロギガ》 나서《ナソ》 가려워요《カリョウォヨ》.

ものもらいで目がはれています。

다래끼《タレッキ》 때문에《ッテムネ》 눈이《ヌニ》 부었어요《プオッソヨ》.

ここが痛いです。

여기가《ヨギガ》 아파요《アパヨ》.

ぎっくり腰、やってしまいました。

허리가《ホリガ》 나갔어요《ナガッソヨ》.

直訳
「腰が抜けました／腰がダメになりました」
＊ぎっくり腰は、**급성 요통**クプソン ヨトン（急性腰痛）という。

便秘がちょっと深刻です。

변비가《ピョンビガ》 좀《チョム》 심해요《シメヨ》.

漢字語
변비ピョンビ（便秘）

生理痛がひどくてしんどいです。

심한《シマン》 생리통《センニトン》 때문에《ッテムネ》 힘들어요《ヒムドゥロヨ》.

薬を飲んでも治りません。

약을 먹어도 안 나아요.
ヤグル　モゴド　アン　ナアヨ

漢字語
약ヤク (薬)

ぶつかって鼻血が出ました。

부딪혀서 코피 났어요.
プディチョソ　コピ　ナッソヨ

カッターで手を切りました。

커터 칼에 손이 베였어요.
コト　カレ　ソニ　ペヨッソヨ

直訳
「カッターで手が切られました」

足首をねんざしました。

발목을 삐었어요.
パルモグル　ッピオッソヨ

直訳
「足首をひねりました」

突き指をしました。

손가락을 삐었어요.
ソンカラグル　ッピオッソヨ

直訳
「指をひねりました」

湿布を貼るだけで大丈夫ですか?

파스를 붙이기만 하면 돼요?
パスルル　プチギマ　ナミョン　トェヨ

口内炎で何も食べられません。

구내염 때문에 아무것도 못 먹어요.
クネヨム　ッテムネ　アムゴット　モン　モゴヨ

暮らし

韓国のことわざ

知らぬが仏 **모르는 게 약이다** モルヌン　ゲ　ヤギダ	⇔直訳 「知らないのが薬だ」
赤子の手をひねる **누워서 떡 먹기** ヌウォソ　ットン　モクキ	⇔直訳 「寝そべって餅を食べること」
壁に耳あり障子に目あり **낮말은 새가 듣고 밤말은 쥐가 듣는다** ナンマルン　セガ　トゥッコ　パムマルン　チュィガ　トゥンヌンダ	⇔直訳 「昼の話は鳥が聞き、夜の話はネズミが聞く」
売り言葉に買い言葉 **가는 말이 고와야 오는 말이 곱다** カヌン　マリ　コワヤ　オヌン　マリ　コプタ	⇔直訳 「行く言葉がきれいであってこそ、来る言葉がきれいだ」 *相手への言動に配慮するように、という意味なので、よいニュアンスでも使われる。
ちりも積もれば山となる **티끌 모아 태산** トゥィックル　モア　テサン	⇔直訳 「ちり集めて泰山」（泰山は中国の有名な山の名）
噂をすれば影 **호랑이도 제 말 하면 온다** ホランイド　チェ　マル　ハミョン　オンダ	⇔直訳 「トラも自分の話をされると来る」

トンビが鷹を生む

개천에서《ケチョネソ》 용《ヨン》 난다《ナンダ》

直訳「どぶから竜が出る」

捨てる神あれば、拾う神あり

하늘이《ハヌリ》 무너져도《ムソジョド》 솟아날《ソサナル》 구멍이《クモンイ》 있다《イッタ》

直訳「空が崩れても、逃げ出る穴はある」

シラを切る

닭《タク》 잡아먹고《チャバモクコ》 오리발《オリバル》 내민다《ネミンダ》

直訳「鶏を盗み食いして、鴨の足をさし出す」

怖いもの知らず

하룻강아지《ハルッカンアジ》 범《ポム》 무서운《ムソウン》 줄《ジュル》 모른다《モルンダ》

直訳「生まれたての犬はトラが怖いことを知らない」

イロハのイの字も知らない

낫《ナン》 놓고《ノコ》 기역《キヨク》 자도《チャド》 모른다《モルンダ》

直訳「鎌を前にして、ㄱの文字もわからない」。鎌の形はハングルのㄱの形と同じため。

鴨がネギを背負って来る

호박이《ホバギ》 넝쿨째로《ノンクルチェロ》 굴러떨어졌다《クルロットロジョッタ》

直訳「カボチャがツルごと転がり落ちてきた」

盗人にも三分の理

핑계《ピンゲ》 없는《オムヌン》 무덤이《ムドミ》 없다《オプタ》

直訳「言い訳のない墓はない」

著者紹介／**石田美智代**（いしだ みちよ）

法政大学法学部卒業、静岡大学人文社会科学研究科修士課程修了。現在、慶應義塾大学、上智大学、神奈川大学で韓国語非常勤講師。著書に『すぐ読める！すぐ話せる！韓国語単語集』（永岡書店）、『気持ちが伝わる！韓国語リアルフレーズBOOK』（研究社）、『きれいに話せる ひとりで学べる はじめまして韓国語』（ジャパンタイムズ）など多数。

カバーデザイン　白畠かおり
本文デザイン　株式会社アトムスタジオ
イラスト　かやぬまゆう
編集協力　株式会社エディポック
校正　株式会社アル
DTP　株式会社エディポック

日常会話ですぐ使える！
韓国語フレーズ集

2020年 3 月10日　第 1 刷発行
2024年12月10日　第13刷発行
著　者／**石田美智代**
発行者／**永岡純一**
発行所／**株式会社永岡書店**
〒176-8518 東京都練馬区豊玉上 1-7-14
電話：03（3992）5155(代表)
03（3992）7191(編集)
印　刷／**精文堂印刷**
製　本／**若林製本工場**

ISBN978-4-522-43774-2 C2087